U0504636

贝克知识丛书

DAS ENDE DER ANTIKE
Geschichte des spätrömischen Reiches

古典时代的终结
罗马帝国晚期的历史

Hartwin Brandt

[德] 哈特温·布兰特 著

周锐 译

上海三联书店

中文版序

拙作《古典时代的终结：罗马帝国晚期的历史》一书已在德国图书市场上再版三次，如今该书中译本得以与中国读者见面，我感到既荣幸又喜悦。在这个全球化进程日益加快的现代世界，增进对其他国家及其历史文化的了解必不可少，因为只有如此才能实现与促进不同民族间的互相理解。而要达此目的，不仅需要读者对于阅读的盎然兴致与好奇之心，也同样需要传介摆渡之人。在此我衷心感谢"我的"译者周锐先生将拙作译成中文，也希望我的这本小书能够激发中国的读者们（同时还有我自己）去进一步了解古典时代晚期的这段历史，乃至现代欧洲的历史源头。

班贝格，2017 年 12 月

哈特温·布兰特

哈特温·布兰特教授在《古典时代的终结：罗马帝国晚期的历史》一书中，以简明扼要、深入浅出且发人深省的方式，记述了公元284年至565年古典时代晚期的历史。除了对历史事件简洁明晰的介绍外，作者还尤为着力于揭示古典时代对于现代性的现实意义。而这一点更是突出体现在，不论是基督教的传播、教权与皇权的矛盾、法典的编纂，还是古典文化在日耳曼人国家中的传承，乃至古典时代城市生活的存续，都对中世纪及近代欧洲产生了深远的影响。《古典时代的终结：罗马帝国晚期的历史》一书选取通俗易懂的历史文献译文，让众多历史的见证者现身说法，从而直接将读者引入这段介于古典时代和中世纪之间、充满了矛盾冲突与诸般变革的"转折时期",并让他们亲历这一时代所具有的特质及其所面临的问题。在这本书中,数十年来一直被学界视为衰亡之世的古典时代晚期,似乎又重新获得了自己应有的尊严,因为正是这个时代构成了现代欧洲的发端。

哈特温·布兰特,生于 1959 年,班贝格大学古代史教授,主要研究方向包括:古典时代晚期的社会史、经济史与思想史,历史学,小亚细亚地区的碑铭和考古研究,以及公元前 6 世纪至公元前 5 世纪的希腊历史。C.H. 贝克出版社曾出版过他的以下书籍:《古典时代晚期的时代批判》(*Zeitkritik in der Spätantike*),1988 年 ["寻踪(Vestigia)"论丛];《纵使我将两鬓斑白:古典时代有关衰老的历史》(*Wird auch silbern mein Haar. Eine Geschichte des Alters in der Antike*),2002 年;《君士坦丁大帝》(*Konstantin der Große*),2007 年(第二版);《生命将尽之时:古典时代的衰老、死亡与自杀》(*Am Ende des Lebens. Alter, Tod und Suizid in der Antike*),2010 年 ["治学(Zetemata)"论丛]。

目　录

1

第一章

古典时代晚期：旧时代与新时代

"晚期"，这一围绕着"晚"这个简单的词所建立起的概念，让人联想起一个时代日渐临近的终结：早期与繁盛已成过往，衰败没落、弊病丛生与日益逼近的黑暗预示着在不久的将来，这个时代、这样的生活方式或者这个历史时期终将归于结束。托马斯·曼的小说《布登勃洛克一家》，以"一个家族的衰落"作为副标题，其中，家族第四代唯一的幼子汉诺一天中午闲来翻阅家谱，当他"又用眼睛把所有这些乱糟糟的名字瞟了一下"之后，便"用镶金钢笔在整张纸上斜着画了两条既干净又美丽的平行线"。当他的父亲为此向他兴师问罪时，他只是结结巴巴地回答道："'我以为……我以为……以后再用不着写什么了……'"①。尽管小说情节（以及家族故事）实际上尚未在此结束，但如果更进一步看的话，这年纪小小的老来子却说得没错：其实之后就是什么也没有了，这个家族的时代已经到了尽头。

自雅各·布克哈特②于19世纪中叶在其专著《君士坦丁大帝的时代》（*Die Zeit Constantins des Großen*）中提出"晚期的古典时代（spätantiken Zeit）"这一说法起，"古典时代晚期（Spätantike）"这一概念便在学术研究中得到了采用，其最初亦隐含了上面所提及的意义，即：在政治历史方面——在罗马帝国黄金时代之后——当然"还会有什么"；但这究竟到底还算得上是"什么"吗？更确切地说，从300年前后起到600年前后的这几个世纪，不就是一段长达近千年的鼎盛时代的萧条尾声及中世纪"黑暗时代"的开篇序曲吗？而后者在几百年之后才将再度寻回与古典时代之黄金盛世（aureum saeculum）的承继接续之处。

这一观点早在19世纪便有了如下的叙述形式：作

---

① 此处原为托马斯·曼小说原著引文，中文翻译参考了该小说中译本：托马斯·曼著，傅惟慈译：《布登勃洛克一家》；南京：译林出版社，2013年10月。——译者注

② 雅各·布克哈特（Jacob Burckhardt，1818—1897）：瑞士杰出的文化历史学家，专治欧洲艺术史与人文主义。——译者注

为集权君主制（Dominat①）的建立者，戴克里先皇帝（284—305在位）中断了罗马帝国的元首制传统，并以近乎神的身份自居；他的继任者们沉湎于日益放纵的宫廷奢华之中，愈加疏远朝政，而此时帝国的政事正陷于愈演愈烈的官僚化与僵化之中。与这些国内弊病相对应的是，帝国抵御外敌的实力与军事能力随之减弱，而这就加速并最后注定了罗马帝国的衰亡。在古希腊罗马史的研究中，以上这一叙述模式在一定程度上堪称典范。

直到最近几十年，对从戴克里先到查士丁尼（527—565在位）这段时期的政治统治、社会经济及文化宗教

① 在早先的希腊罗马史研究中，人们往往用源于拉丁语"dominus（主人）"的"Dominat"一词来指代戴克里先和查士丁尼之间的这段历史。这一提法由德国史学家提奥多·蒙森（Theodor Mommsen，1817—1903）首创，意在以此将罗马帝国晚期的体制与帝国早期和中期的元首制（Prinzipat）加以区别。提奥多·蒙森认为，在罗马帝国晚期，皇帝已不再是作为"第一公民"的元首，而是演化成了东方式专制君主。后来的学者对这一说法多有修正，他们认为，与罗马帝国早期和中期相比，帝国晚期皇帝的权威虽然在形式上得到了强化，但实际上却反而多有掣肘，这突出体现在皇帝与大元帅、廷臣及基督教会之间的权力纠葛与冲突。另外，帝国晚期还常有幼主临朝、大权旁落的情况。因此，如今历史学界更倾向于用"古典时代晚期（Spätantike）"或"晚期罗马帝国（Spätrömisches Reich）"这些中性的说法来指称从戴克里先到查士丁尼的这段时期。——译者注

领域的研究取得了大量进展，这一曾长期主导学界的观点才日益退居次席。从那时起，古典时代晚期便被视为拥有自身尊严与地位的一个时代，一方面它仍然完全具有古典时代的真正特征，但另一方面——尤其是通过基督教会的建立，以及国家、社会和精神生活的基督教化——这一时代也在结构上为中世纪创造了最为重要的前提条件。研究欧洲中世纪历史与拜占庭历史的学者有时也习惯于将我们所讨论的这一时代称为"原始拜占庭时期（protobyzantinisch）"，有时甚至（从 5 世纪着眼）将其称为"中世纪早期（frühmittelalterlich）"，而这些提法都是为了强调这一时期的过渡特征。事实上，古典时代晚期的显著特点似乎就如同罗马神话中名为雅努斯[①]的双面神形象一样：旧的事物不断变迁，有一些消逝无存，有一些加入充实，而新的事物也不断产生；连续与断裂并存——古典时代的终结同时标志着新的开始。

---

① 雅努斯（Janus）：罗马神话中源于罗马本土、象征开端与结束的神祇，其形象通常具有前后两个面孔或者分别朝向四面的四个面孔。雅努斯最初为光与太阳之神，是与月亮之神狄安娜相对应的男性形象，之后逐渐演变成众源之神、开端与结束之神、门之神等。雅努斯一词与拉丁语中表示门的"ianua"和表示拱形门道的"ianus"同源，西方语言中的一月（January）也是源于此神的名号。——译者注

第二章
戴克里先与四帝共治
（284—305）：新的开端

当出生于达尔马提亚①，身为皇帝禁卫军统领的戴克里先于 284 年 11 月 20 日被推举为罗马皇帝时，这一切看上去似乎只是 3 世纪那段充斥了帝位篡夺与更迭的漫长历史又一个无关紧要的章节而已。然而实际上，这次的新帝登基将非同以往。对于这一点，即便是对这位迫害基督教的皇帝并无丝毫好感可言的基督教历

---

① 达尔马提亚（Dalmatien）：克罗地亚南部、亚德里亚海东岸地区。达尔马提亚这一名称出现于 1 世纪，源于达尔马提亚人，而后者是伊利里亚人的一支。伊利里亚人在古典时代主要居住于巴尔干半岛的西部和西北部、意大利半岛的东南部、亚得里亚海沿岸及其腹地。——译者注

史学家奥罗修斯①（4世纪下半叶—约418）在5世纪初也予以承认，因为他在其简明的世界史著作中引用如下的异教颂词来指代戴克里先皇帝（第7册，第26章，第5节及其后）："一个至今都不为人类所熟悉的状况出现了：这是一个以彼此宽容为基石的国度，诸帝亲厚敦睦，戮力同心，并不同以往地以公众福祉为依归。"

实际上，在戴克里先采取了一系列最初的例行手段并处死了禁卫军长官阿帕②之后，他便很快建立并实

————————

① 保卢斯·奥罗修斯（Paulus Orosius）：古罗马后期的历史学家和基督教神学家，出生于西班牙行省，为基督教神学家与哲学家、《忏悔录》的作者奥勒留·奥古斯丁（Augustinus Hipponensis）的学生，曾协助后者撰写《上帝之城》一书。奥罗修斯的代表作《反异教徒七书》（*Historiarum Adversum Paganos Libri VII*）对古典时代和中世纪之间的历史研究具有重要影响。——译者注

② 阿帕（Aper）：全名可能为卢修斯·弗拉菲乌斯·阿帕（Lucius Flavius Aper），为3世纪80年代罗马帝国的禁卫军长官。阿帕可能在卡鲁斯皇帝（Carus，282—283在位）统治时期就已经担任禁卫军长官。卡鲁斯皇帝逝世后，他的两个儿子努梅里安（Numerian）和卡里努斯（Carinus）成为共治皇帝，而阿帕则成为努梅里安皇帝的岳父和近臣。284年，努梅里安死于远征波斯的途中，有人说他是因病而亡，而另有传言说是阿帕将其谋杀。在努梅里安逝世以后，阿帕曾试图封锁消息，以安军心，并借此巩固自己在军中的地位。之后，戴克里先被军队推举为皇帝以作为努梅里安的继任。据《罗马帝王纪》（*Historia Augusta*）及罗马历史学家奥勒留·维克多（Aurelius Victor，320—390）的相关记载，

行了一套独创的统治体系，而这一体系只有放在罗马帝国公元 3 世纪危机的背景下方可理解。早在 285 年 12 月，这位没有后嗣的新帝便将几乎与其同龄的军官马克西米安（Maximian）升为恺撒。在 286 年春季，马克西米安取得与高卢农牧民起义军（Bagauden）作战的胜利之后，戴克里先又将其升为奥古斯都。293 年，戴克里先致力于将二帝共治扩充为四帝共治，两位奥古斯都分别设立一位副皇帝以辅佐政事：马克西米安指定了君士坦提乌斯一世·克洛卢斯（Constantius I. Chlorus）为恺撒，而戴克里先自己则以伽列里乌斯（Galerius）为恺撒。由戴克里先所创立的四帝共治与纯粹传统的诸帝共治模式有着诸多不同之处。前者皇权的传承以功绩与忠诚为导向，而将皇帝的嫡子排除在外——这样一来，马克西米安已经成年的儿子马克森提乌斯（Maxentius）便不在继位人选之列。四位皇帝自称为"朱庇特之后嗣（Iovii）"和"赫拉克勒斯之后嗣（Herculii）"，由此以这两位罗马神的直系后裔自居，通过这种排他的君权神授的意识形态，他们试图从一开始就断绝所有潜在篡

戴克里先曾被问及努梅里安的死因，前者引剑指天，向太阳神发誓自己对先帝被弑毫不知情，且从未企图攫取权力，并指控阿帕犯了弑君之罪，阿帕由此被杀。——译者注

位者的任何合法性来源。最后，在钱币、铭文和艺术品上所大力宣扬的诸帝和睦（concordia）的关系还需通过收养和联姻得到进一步强化：恺撒被过继为奥古斯都的养子，并与后者的女儿结婚。正如戴克里先作为这一革新构想的首创者在推行该制度时所计划的那样，最后这一构想最具革命意义的时刻便是，两位奥古斯都于305年自愿退位。两位皇帝的在位时间在官方计算中经过了有意操纵，从而使得戴克里先和马克西米安的统治时间变为等长。由此，便在奥古斯都和恺撒之间建立起了以十年为单位的虚构的对称关系，这样一来，帝位的传承更替也就变得有据可依，且在较长时间内可以明确预见，即每一位恺撒都须在长达十年的在位时间内证明自身的能力，以便在十年之后接替退位奥古斯都的帝位，之后他们再指定两位新恺撒，而后者又将经受相应的历练。然而，这一在理想状态下颇为让人信服的帝位继承制度仅仅通过了第一轮试验。305年5月1日，在假定的二十年共同执政期满之后，戴克里先和马克西米安这两位奥古斯都退位，君士坦提乌斯一世和伽列里乌斯这两位恺撒继位为奥古斯都，并同时指定了两位同样出身于巴尔干半岛的军人作为新恺撒，即塞维鲁（Severus）和马克西米努斯·代亚（Maximinus Daia）。

3 世纪，帝位更迭之频繁动荡可谓声名狼藉，在这一背景下，单是第一代四帝共治所延续的时间之长，就已非同一般，而这给 4 世纪的历史学家带来了这样一种印象，即 284 年实际上标志着一个重大转折。这一转折又更为突出地体现在戴克里先及其共治皇帝一系列其他改革努力上，因为他们的革新措施总体而言都传递出了这样一个不容否认的事实，即一群强有力的政治家和军人极为坚定地要重建罗马帝国的稳定与繁荣。

同时代的基督教作家拉克坦提乌斯①（Laktanz，约 250—约 325）在其题为《论基督徒迫害者的死亡方式》（*De mortibus persecutorum*）的反异教著作中以充满敌意的方式记录下了涉及帝国内部组织架构的基本改革措施（第 7 章，第 1 节—第 4 节）："戴克里先……罪行的祸首元凶、弊政的始作俑者……为其统治设计了三个合伙人，并将世界一分为四，军队的规模也由此随之

---

① 卢修斯·盖切里乌斯·拉克坦提乌斯（Lucius Caecilius Firmianus）：古罗马基督教作家、基督教教义辩护者，出身于罗马帝国阿非利加行省，其拉丁语造诣颇高，且长于辩论，有"基督教的西塞罗"之誉。拉克坦提乌斯曾接受戴克里先皇帝的任命在尼科米底亚教授雄辩术，在 303 年对基督徒的大迫害开始之后，他放弃了该职务。315 年，君士坦丁一世任命他为其子克里斯普斯（Crispus）的老师。——译者注

增长，这是因为先前诸帝仅是一人独自统治帝国，而此时四位皇帝每人都力图拥有一支在数量上远胜诸位先帝的军队……另外，为了让恐惧充斥一切，各个行省都被肢解成小块：许多总督和大量官员直接控制着每一个地区乃至每一个乡镇，众多的财政官员、行政人员及军官副手亦是如此。"在此处，拉克坦提乌斯巧妙地将史实和具有倾向性的价值判断结合了起来。然而，我们并不能据此认为四位共治皇帝在事实上将帝国瓜分了，更确切地说是戴克里先致力于通过一种非正式的方式将四位皇帝的权限范围加以分配，以提高帝国的行政效率，而这种权限范围绝对不可误读为严格意义上的领土单位。戴克里先自己专注于东方，马克西米安主要统治非洲、意大利、西班牙及多瑙河流域西部，君士坦提乌斯一世负责管理高卢和不列颠，而伽列里乌斯则分治希腊和多瑙河中游地区。拉克坦提乌斯曾暗指这一时期军队规模翻了四倍，帝国百姓的税收负担也随之加重，而这无疑与四帝共治毫不相关。通过对现有军队的缩编及新的小规模分遣队的设立，士兵的总数毕竟略有增长，可能在四十万至五十万之间，但这对于一个拥有大约五千万人口的帝国而言，仍然完全在国家财政可以承受的范围之内。相应的情况大概也适用于对行政区划的重新调整。戴克里先将当时的大约五十个行省划分成了更小的行政单位，这一做法确实导致了行省数量的翻倍，此外两大更高层级的行政区划——即十二个 [在禁卫军副官（Vikar）领导下的] 行政管区（Diözesen）和三个或四个禁卫军长官辖区（Prätorianerpräfektur）——的设立（可能同样由戴克里先所实施）可能也带来了官员人数的上升，然而尽管如此，上述这些依旧无法支持以下这个时至今日仍偶有出现的看法，即过度庞杂的官僚机构在很大程度上使罗马帝国在其晚期成为一个剥削和暴力国家。从古至今，重大的改革努力和结构调整总是会引起改革所涉群体的猜忌与怀疑，比如，即便是轻微的增税也会被认为是国家独裁专断、横征暴敛的体现而遭到厌恶和反对，所以，史家对四位皇帝相应改革的评价也极为片面。但毫无疑问的是，在改革推行的过程中，将军事与民政管理分离的这一措施对于帝国百姓而言无论如何都是颇有益处的，至少在改革之初，将土地税与人头税相挂钩的新体系包含着更大程度的税收公平。在该体系下，所征税额将依照劳动力（capitatio）和地产（iugatio）加以区别，并定期——最初为五年一次，之后为十五年一次——予以重新核定，以便顾及在此期间资产分配的变动情况。然而，即便是这项革新措施也遭到了拉克坦提乌斯（《论基督徒迫害者的死亡方式》，第23章）不分青红皂白地拒斥与抵制，并被其言辞激烈地指责为镇压行径乃至是受命于国家的暴力刑罚。以劳动力和地产为标准的新体系，其首要目的无疑是为了保障国家财政，但它也绝未阻止帝国民众从这一新政中获益（这里所指的便是合理的税收衡量程序）。这一点也将在四帝共治时期的经济与金融政策中得到佐证。

　　3世纪，钱币的金属含量骤减及货币的过度发行造成了严重的货币信用危机，并进一步导致了物价上涨和物物交换的增多。对此，戴克里先对货币体系进行了大刀阔斧的革新，新的体系基于稳健的黄金和白银货币，此外还包括了一种新的小面值钱币——福利斯铜币（Follis）——以用于日常交易。与此相应的是，四位皇帝还在短短几年之后就颁发公告宣布新的银币升值，并同时规定所有商品和服务的最高限价，以防止商家与厂家也以相应的通过涨价的手段来进行回应，以此来试图兼顾国家自身的利益。这些措施如果得以实行，一方面会造成广大阶层显著的收入损失，但另一方面国库会由此获益良多，因为国库的银币库存乃是军饷和帝国官僚俸禄的首要来源，而以上措施便可延长银币库存的使用时间。虽然这一政策最终还是没有得到贯彻，但尽管如此，特别是301年在帝国全境颁布的有关最高限价的皇帝敕令——它被视为整个古典时代最为重要的经济史文献之一——已经雄辩地证明了当年四位皇帝的改革热情与理想愿景。因为正如冗长的最高限价清单的前言所述，诸位皇帝坚信他们的天命在于，终结前代的动荡纷乱，"通过建筑必需的公平正义之堡垒"以确保千秋万世的繁荣昌盛，并且"不仅仅是为了个别乡镇、民族和行省，而是为了整个世界来作未雨绸缪的长远规划"[《拉丁语铭文选》(*Inscriptiones Latinae Selectae*)，编号：642]。

四帝共治维持了长达数十年的稳定局面，也在很大程度上使得先前在不断的内战、篡位和外族入侵中日渐衰微的帝国得享安定与太平，如果考虑到这些，那么就完全可以理解301年敕令中诸位皇帝毫不谦逊的自我褒扬了。早在286年，高卢的动乱就已经被镇压平息，在用兵超过十年之久后，君士坦提乌斯一世于296年收复了脱离帝国的不列颠，并在多瑙河前线成功击退了萨尔马提亚人①、

① 萨尔马提亚人 (Sarmaten)：伊朗地区多个游牧部落的联盟，于公元前513年首次在古典时期的典籍中被提及。公元前6世纪至公元前4世纪，萨尔马提亚人定居于现今俄罗斯南部和乌克兰。在罗马帝国时期，萨尔马提亚人经常侵扰帝国边境。在马可·奥勒留皇帝 (121—180) 统治时期，萨尔马提亚人于175年

哥特人①和马科曼尼人②的入侵。此外，马克西米安和戴克里先还战胜了非洲和埃及的虎视眈眈的篡位者。最后，伽列里乌斯甚至在罗马帝国与波斯萨珊王朝由来已久的冲突中成功地维护了帝国的疆域，并于298年迫使波斯国王纳塞赫③承认帝国对于亚美尼亚的控制。在这些功

在多瑙河入海口北岸被罗马军队击败，并向罗马帝国提供了八千名骑兵作为人质，其中五千五百名被作为后备部队派往不列颠行省，以驻守哈德良长城，防卫苏格兰地区的皮克特人。——译者注

　　① 哥特人（Goten）：东日耳曼人部落的一支，自3世纪起便与罗马帝国冲突频繁，后于帝国末期对罗马城进行了三次围攻，并劫掠该城。5世纪末，西罗马帝国灭亡，东哥特人在意大利建立了东哥特王国，西哥特人在法国南部和伊比利亚半岛建立了西哥特王国。——译者注

　　② 马科曼尼人（Markomannen）：属古日耳曼人的苏维汇一支，其族名本义为"边境之民"。马科曼尼人最早于公元前58年在记载盖乌斯·尤利乌斯·恺撒征战高卢的苏维汇领袖阿利奥维斯塔（Ariovist）的古罗马文献中被提及。奥古斯都皇帝曾派兵征伐马科曼尼人，最后在军事打击和内部纷争的双重影响下，马科曼尼人元气大伤并归附罗马。2世纪，在受到迁移的哥特人驱赶之后，马科曼尼人与其他日耳曼部落和萨尔马提亚部落一起多次侵入罗马帝国境内，而马可·奥勒留皇帝在其当政的大多数时间内都忙于对蛮族用兵。对马科曼尼人的战争始于166年，及至这位皇帝在180年逝世，罗马帝国依然未能取得全胜。——译者注

　　③ 纳塞赫（Narses，？—302，293—302在位）：波斯萨珊王朝国王，其父沙普尔一世曾于260年大败罗马帝国，并俘虏了瓦勒良皇帝。296年至298年，纳塞赫与罗马帝国再度发生争夺

业面前，自居为承受天命、蒙神庇佑乃至天纵英武的神人，并要求世人对其顶礼膜拜，所有这些对戴克里先及其共治皇帝而言难道还会是遥不可及的事吗？至少戴克里先在此时便要求所有觐见他的人须双膝跪地，并亲吻其紫袍绲边。据古典时代晚期历史学家阿米阿努斯·马尔切利努斯[①]（Ammianus Marcellinus，约330年出生，395年后不久去世）所述，戴克里先是"第一位依据外邦帝王礼仪而将此种敬拜（adoratio）方式引入帝国的罗马皇帝"（第15册，第5章，第15节），而这也推动了本书序言中所述及的由元首制向君主制的转变过程。然而实际上，戴克里先只是以此强调维新之举而已，他也并非此种礼仪的始作俑者，因为前代帝王偶尔也曾要

亚美尼亚的战争，最终被罗马帝国击败而承认后者对亚美尼亚的控制，并同时将美索不达米亚以北的草原及底格里斯河左岸的山区割让给罗马帝国。——译者注

① 阿米阿努斯·马尔切利努斯：古罗马晚期著名历史学家，其代表作《功业》（*Res gestae*）堪称古典时代最后一部具有重大意义的拉丁语历史著作，该书共31册，现存的18册记录了353年至378年这段恰好处于欧洲民族大迁徙之前的罗马帝国历史，而正是这场民族大迁徙彻底改变了古典时期地中海世界的面貌。马尔切利努斯本人曾为君士坦提乌斯二世和尤利安皇帝麾下的一名士兵，并亲身经历了许多他在书中所记录的历史事件。——译者注

求世人以类似的方式对其顶礼膜拜,并称皇帝本人为"主与神(dominus et deus)"。

戴克里先自居为神,乃至在意识形态层面上将其统治与古代罗马诸神相关联,这两点——尤其是后者——正是对基督徒进行大迫害的根源所在,而这场大迫害也决定了这位皇帝及其共治者在古典时代晚期和拜占庭时期由基督教所主导编纂的史书中的负面形象。因为基督徒理所当然会将此类行为视为亵渎神灵之举并加以拒斥,而对戴克里先而言,主要分布于希腊东部且人多势众的基督徒对于官方推行的祭祀礼仪所进行的反抗活动显然是极度危险的。最终,在颁布于297年或302年的反对摩尼教徒的敕令中,戴克里先明确清晰地表明要对"顽固坚持邪恶堕落之信仰"的行为加以惩处,因为这些信仰拒斥诸神赐福于罗马民众的所有事物。在那个时代便已有人对此提出疑问,即为何戴克里先直到此时,也就是在其即位几乎二十年之后的303年,才决定对基督徒进行大规模的迫害。对此,各家观点至今莫衷一是。一些学者援引拉克坦提乌斯的观点认为,伽列里乌斯才是大迫害的始作俑者,他费时良久才最终得以说服戴克里先必须通过暴力手段对基督徒进行打击。其他学者则指出,戴克里先对此始终持谨慎的保留态度,因为他在施政过程中极力避免无法预计的风险。然而最能让人信服的一种解释是，大迫害的开始大概与两位奥古斯都即将退位有关。因为303年正是马克西米安与戴克里先共治二十周年的庆典之年（而正如上文所提及的那样，当局对在位时间进行了人为的调整，从而使得两位皇帝共治二十周年成为可能），而且这也可能是第一次在罗马城举行这样的周年庆典，同时也是仅有的一次。在这场庆典中，两位奥古斯都的退位意愿在隆重庄严的仪式中昭告天下，而众人也对帝国的未来进行了谋划商讨。此刻，两位皇帝大概心里都清楚，四帝共治这一新体系将首次经历由现任奥古斯都向继任奥古斯都进行权力交接的考验，而皇帝作为"朱庇特之后嗣（Iovii）"和"赫拉克勒斯之后嗣（Herculii）"所具有的长效合法性，更是构成了这一体制得以成功运转的关键。也许是基于这样的考量，诸位皇帝便决定在充满象征意义的圣界石之节①（Terminalia），即303年2月23日，宣布开始对基督徒的迫害，以最终清除这一被宣布为危害国家的宗教。

---

① 圣界石之节是纪念罗马神话中界石之神特耳米努斯(Terminus)的节日，该神之名即为拉丁语"界石"一词。罗马人认为界石乃是特耳米努斯神力的象征，因此界石的设置与改动都是一种宗教仪式，需要在该仪式上向特耳米努斯献祭。在圣界石之节上，相邻地产的所有者都会一起用鲜花来装饰界石。——译者注

于是，罗马帝国倾其全力进行镇压：献祭和礼拜仪式遭到禁止；教堂被夷为平地；经书被焚毁殆尽；神职人员遭到逮捕和拷问，甚至被执行死刑。只有明确声明放弃基督教信仰，并为皇帝举行崇拜仪式，才能免于迫害。虽然对基督教进行迫害的皇帝敕令通行于帝国全境，但是诸位皇帝对其执行的程度却不尽相同。在君士坦提乌斯一世治下的帝国西北方，除了教堂遭到关闭之外，几乎找不到其他迫害基督教的明证。与此相对的是，非洲和埃及的大量基督徒殉道而死，尤其是帝国东部的大迫害可能造成了众多基督徒的死亡。从法律程序上看，对基督徒的迫害直到311年才经由伽列里乌斯所颁布的宽恕敕令而得以终止，而事实上，帝国西部很早就停止了对303年迫害法令的进一步执行。伽列里乌斯在做出终止迫害这一决定时承认，大迫害并未达到其预定目标，"因为大多数人（基督徒）仍然坚持固守他们自己的信仰"，这位皇帝的此项决定因被拉克坦提乌斯载入史籍（《论基督徒迫害者的死亡方式》，第34章）而得以为后世所知。

然而，四帝共治时期所实行的一系列广泛的改革措施，并未因为最后的宗教政策无果而终归于失败，其未竟全功的原因在于，这一依靠君权神授进行维系的制度人为地构建了一个统治家族，尽管这样的设计无疑具有原创性，但终究不可能取代传统的王朝体制与观念。因为从长期来看，意欲将共治诸帝的亲生儿子完全排除在共享统治之外，这最终只能被证明是不切实际的空想。此外，军队士兵也对这一革新措施毫无半点兴趣，因为他们尤其偏爱王朝体制，且总是乐意拥戴过世皇帝的儿子继位——特别是当后者许以重金作为酬谢的时候。军队士兵的这一态度在305年5月1日的传位大典上显露无遗，在位于比提尼亚行省①为戴克里先所青睐的帝国东都尼科米底亚②所举行的这场典礼上，第一代共治皇帝将权力移交给了第二代继任者。拉克坦提乌斯的

---

① 比提尼亚行省（Bithynien）：位于安纳托利亚半岛西北部，曾经建立过王国，后为罗马帝国的一个行省。在对帝国行政区划的改革中，戴克里先皇帝又从比提尼亚行省里划分出了帕夫拉戈尼亚（Paphlagonien）和迪奥斯波图斯（Diospontus）这两个行省。——译者注

② 尼科米底亚（Nicomedia）：即今土耳其城市伊兹密特，初为希腊城邦墨伽拉的殖民地，在罗马帝国时期成为比提尼亚行省的重要城市，在戴克里先统治时期为帝国的东都，对基督徒大迫害的各项政令便是由此发往全国，311年伽列里乌斯亦是在此城颁布了宽恕敕令，而君士坦丁一世也曾在尼科米底亚居住多年。330年迁都君士坦丁堡之后，尼科米底亚的地位日渐衰微，直到1338年被奥斯曼土耳其攻占。——译者注

《论基督徒迫害者的死亡方式》一书第 19 章对当时的场景有如下记录：在两位奥古斯都退位之后"举行了盛大的游行。所有人都把目光投向君士坦丁。对此人们毫无疑问。在场的士兵，还有那些特地从各个军团选调至此的最具声望的军队战士，都满怀期待地望着君士坦丁一人……全体士兵都被召集起来。那位白发老人（戴克里先）双目含泪，开始向军队演讲：他已年老体衰，想在退位之后安度晚年。……当所有人都在热切地期待他说出继位人选之时，他宣布塞维鲁和马克西米努斯为下一任恺撒。众人无不惊讶，而此时君士坦丁正立于观礼台之上。大家一时犹豫不定，还以为君士坦丁改了姓名。正在这时，伽列里乌斯在众目睽睽之下让君士坦丁后退，同时又把手朝后一伸，将马克西米努斯·代亚拉到了前面。"作为君士坦提乌斯一世之子的君士坦丁就这样遭到了忽视，而这在戴克里先眼中却是符合制度规定的。以伽列里乌斯和君士坦提乌斯一世为新奥古斯都、以塞维鲁和马克西米努斯·代亚（他们亦为出身于巴尔干地区的士兵）为新恺撒的第二代四帝共治便由此诞生。尽管如此，未来的冲突在此时便已埋下了伏笔，因为君士坦丁并没有心甘情愿地接受这样的安排。

第三章

君士坦丁大帝
（306—337）：突破与创建

　　君士坦丁在参加史籍中所述的尼科米底亚传位大典时大概三十岁左右。同四帝共治时期的诸位皇帝一样，他也来自巴尔干地区，更确切地说是伊利里亚地区①的

---

　　① 伊利里亚（Illyrien）：欧洲古代地名，指现今巴尔干半岛西部、亚得里亚海东岸地区。伊利里亚得名于伊利里亚人，该民族在古典时代定居于巴尔干半岛的西部与西北部一带。公元前3世纪后半叶曾建立起国家，后在与罗马的一系列战争中逐渐归于后者统治。公元6年至9年，伊利里亚人曾爆发反抗罗马帝国的大起义，后遭到镇压。3世纪至6世纪，伊利里亚不仅成为罗马帝国的兵源地，而且出了不少皇帝，比如戴克里先和东罗马帝国皇帝查士丁尼一世等。——译者注

城市尼什①（Niš）。君士坦丁后来公开对他的母亲海琳娜（Helena）大加称颂，但诸多史料都一致显示她出身低微，且从未与君士坦丁之父君士坦提乌斯一世有过合法的婚姻关系，而君士坦丁也因此背负了私生子的烙印。君士坦提乌斯一世可能在与海琳娜非法同居多年之后才将后者离弃，以迎娶马克西米安的女儿（亦可能是其继女）狄奥多拉（Theodora），从而求得政治上的升迁。另外，历史还明确记载了君士坦丁年轻时长期在军中服役，直到位居高级军官的晋升履历，但除此之外，对青年君士坦丁的所有其他事迹我们所知甚少。这是因为，尽管有大量关于君士坦丁及其所在时代的文献流传于世，但

---

① 尼什：现为塞尔维亚第三大城市，也是巴尔干半岛最古老的城市之一。早在公元前 6000 年至公元前 5000 年间便已有人在尼什定居。公元前 3 世纪，凯尔特人在此处建立了名为纳维索斯（Navissos）的城市，意为"仙女之城"。公元前 75 年，罗马征服了这座城市，并将其改名为纳伊苏斯（Naissus），后在罗马帝国治下逐渐发展成为巴尔干半岛最为重要的要塞之一。269 年，罗马皇帝克劳狄二世·哥特科斯在纳伊苏斯战役中击败了入侵帝国的哥特人。除了君士坦丁一世之外，西罗马帝国皇帝君士坦提乌斯三世（？—421，421 年仅在位 7 个月）和东罗马帝国查士丁尼王朝的首位皇帝查士丁一世（约 450—527，518—527 在位）也出身于纳伊苏斯。580 年前后，斯拉夫人定居在纳伊苏斯附近，并给这个城市起了"尼什（Niš）"这个斯拉夫语的名字。——译者注

这些材料的作者或赞成并亲近基督教，或为反对君士坦丁的异教信徒，因而他们所持的观点往往具有倾向性，这便使得他们著作的说服力大打折扣，对于君士坦丁年轻时期的记载尤是如此。这其中首先就包括本书已多次引用的基督教雄辩家拉克坦提乌斯及主教兼教会历史学家该撒利亚的尤西比乌斯①（Eusebius von Caesarea，约260—340）。在君士坦丁逝世不久（337年5月）以后，尤西比乌斯所撰写的记述这第一位基督教皇帝的传记便已成书，而此书在很大程度上奠定了君士坦丁在人们心目中作为救世圣主的形象。在这一对后世文学体裁发展具有开创意义的基督教帝范箴言中，尤西比乌斯塑造了一个理想化的帝王形象，他遵从信仰之教化，同时更是对抗所有异教的前驱先锋。至今人们仍在激烈地讨论君士坦丁究竟是从何时起才决意通过政治手段来亲自支持

---

① 该撒利亚的尤西比乌斯：古典时代晚期著名的神学家和历史学家，被后人称为"基督教历史之父"。他曾在基督教神学家与殉道者该撒利亚的庞非勒（Pamphilos von Caesarea）处钻研圣经。庞非勒在戴克里先对基督教的大迫害中殉道，尤西比乌斯在其著作《巴勒斯坦的殉道者》中对当时这段历史有过详尽的记述。大迫害结束后，尤西比乌斯在313年前后被选为巴勒斯坦该撒利亚的主教，并在阿里乌教派之争中未曾明确支持对立的任何一方，因此被称为中间派。——译者注

乃至优待基督教的，但仅凭上文所述的文献史料自然难以对这一问题做出明确回答。因此，将相应的研究扩展至钱币、铭文及其他官方布告，尤其是同时代的文献材料，方才是求解之正途。

与君士坦丁有关的此类文献记载首见于 306 年，因为正是在这一年的 7 月 25 日，君士坦丁之父君士坦提乌斯一世在艾博拉肯（Eboracum，今英国约克市）驾崩，君士坦丁当日就被军队拥立为奥古斯都，由此成为其父的继承人。王朝世袭的传统由来已久，军队又对自行拥立皇帝习以为常，这样一来，四帝共治的体系便岌岌可危。幸亏伽列里乌斯因害怕引发军事冲突而对此采取了克制的态度，此次危机才得以平息。他虽然没有认可君士坦丁作为奥古斯都的地位，并且还立即将 305 年才刚继位为恺撒的塞维鲁提升为奥古斯都，但却承认君士坦丁为帝国西部的恺撒，以填补塞维鲁升为奥古斯都后恺撒之位的出缺。然而，第三代四帝共治很快就再度陷入了危机，因为 306 年 10 月 28 日，马克西米安之子马克森提乌斯在驻守罗马的禁卫军和都会大队①的支持

---

① 都会大队（cohortes urbanae）：奥古斯都设立了三支都会大队，其建制紧承禁卫军而分别编号为 10、11、12。都会大队主要负责罗马城的社会治安，但并不归属禁卫军长官的管辖，而由

下穿上了皇帝紫袍。这一次，在位的诸位共治皇帝决定武力征讨自立为帝的马克森提乌斯，但是塞维鲁却最终战败而亡。面对这一动荡局面，已经退位的马克西米安也重新燃起了参政热情，他与君士坦丁结盟，并将其女法乌斯塔（Fausta）许配给君士坦丁，继而又于307年年底自行称帝。由此，四帝共治名存实亡（尤其是这一制度的缔造者之一马克西米安本人都已经彻底背弃了该制度不成文的规定）。尽管如此，戴克里先仍决定再次主动干预政事，以维护四帝共治。308年，他在卡努图姆 [Carnuntum，今维也纳附近的多伊奇—阿尔滕堡（Deutsch-Altenburg）] 与伽列里乌斯举行会议，会上最终产生了第四代（同时也是最后一代）四帝共治。伊利里亚军官李锡尼（Licinius）成了四帝共治的新成员，并毫无疑问地被擢升为除伽列里乌斯之外的第二位奥古斯都，君士坦丁和马克西米努斯·代亚仍保有原先的恺撒之位，而马克西米安则不得不再度退位①。

相关碑刻铭文和由君士坦丁下令铸造的钱币均显

罗马的城市长官（praefectus urbi）统领。但从提比略皇帝起至奥勒良皇帝时期，都会大队都和禁卫军一起驻扎在罗马市郊。在朱里亚·克劳狄王朝末期，都会大队被扩充至九支部队。——译者注

　① 在该会议中，马克森提乌斯的奥古斯都头衔未获承认。——译者注

示，在最初的几年中，他至少对外是表示接受恺撒这一头衔的，并且也承认四帝共治的思想基础。比如，他下令在特里尔附近发行了一种金币，其背面刻有如下文字：Herculi conservat(ori) Augg(ustorum) et Caess(arum) nn(ostrorum)——"献给吾皇奥古斯都与恺撒的庇佑者——赫拉克勒斯"。对于诸如拉克坦提乌斯等基督教作家所提出的"君士坦丁改宗基督教"的观点，在312年前君士坦丁的各项政策和官方公告中却找不到可信的证据，至于其个人内心所信奉的宗教，我们能做的反正至多也仅是猜测而已。显然，君士坦丁最初是在有的放矢地寻求与四帝共治体制的相通之处，并且迫使自己向该制度的思想基础靠拢。此外，在308年后的数年间，君士坦丁也同样有意识地对自己的统治理念加以突出强调，但这种强调是谨小慎微的，完全没有显露要直接改宗基督教的念头，而也正是在这段时期，他成为帝国唯一的统治者显然已是大势所趋。然而对于君士坦丁而言，最迟到310年，基于"朱庇特—赫拉克勒斯"理念的四帝共治体系才丧失了所有约束力和吸引力，因为正是在此时，这一由戴克里先所创立的制度最终宣告失败。在此期间，君士坦丁和马克西米努斯·代亚这两位恺撒也同样取得了追求已久的奥古斯都称号，如此一来便同时有四位合法的奥古斯都共存，另外，还有罗马的马克森提乌斯和阿非利加的多米提乌斯·亚历山大①这两个篡位者，最后，老马克西米安也试图东山再起，他在阿尔勒②——君士坦丁的行在之一——授意当地军队再次拥立其为奥古斯都。于是，君士坦丁就以武力胁迫其岳父自尽。然后，他便自然需要去除所有与四帝共治相关的东西，其中也包括任何思想观念上的联系。因此，君士坦丁也对其半官方的自我形象宣传做出了两个重要改

---

① 多米提乌斯·亚历山大（Domitius Alexander）：曾任罗马帝国阿非利加行省总督。308 年至 309 年间，当马克森提乌斯要求亚历山大将他的儿子送往罗马作为人质以确保阿非利加军队对其效忠之时，亚历山大予以回绝并自立为帝。因为罗马的粮食依赖于阿非利加行省的供应，而亚历山大的篡位自立则造成了罗马城民众的不安，因此，马克森提乌斯在 309 年至 310 年间派兵前往收复阿非利加行省，并迅速击败了亚历山大，后者不久后便被处死。——译者注

② 阿尔勒（Arles）：今法国南部的历史文化名城。公元前800 年左右，分布于意大利北部和高卢南部的利古里亚人最早在此活动，后来凯尔特人占据了此处。公元前 46 年，盖乌斯·尤利乌斯·恺撒将此地纳入罗马版图。在君士坦丁大帝治下，阿尔勒进入了鼎盛时期，他对该城进行了扩建美化，并赋予其"君士坦提娜（Constantina）"的别称。阿尔勒现存竞技场、剧场等古罗马时期的遗迹，于 1981 年被联合国教科文组织认定为世界文化遗产。——译者注

变，而这或许也可列为 310 年的重要事件：一方面，君士坦丁授意他人传布其乃（任期甚短的）克劳狄二世·哥特科斯皇帝^①（268—270 在位）的后人（从而以此来试图获取属于他个人且基于王朝世袭传承的新的合法性）；另一方面，他大肆宣扬其个人与战无不胜的太阳神索尔^②（Sol Invictus）及同样被奉为太阳神的阿波罗尤为相近。310 年，君士坦丁命人在节庆时将这一想法加入演说中

---

① 克劳狄二世·哥特科斯（Claudius II. Gothicus，213—270，268 年 9 月—270 年 1 月在位）：这位皇帝虽仅在位两年，但却功勋卓著，挽回了罗马帝国在 3 世纪危机时的颓势。268 年，克劳狄二世在加尔达湖畔消灭了入侵意大利北部的阿勒曼尼人。269 年，克劳狄二世在纳伊苏斯战役中击溃了哥特人，并将其赶回多瑙河以北，自此一百年内后者都未曾南下。而克劳狄二世也因此得到"Gothicus"的称号，意为"击败哥特人"。克劳狄二世在 270 年准备讨伐入侵潘诺尼亚的汪达尔人时死于瘟疫，之后便被元老院尊奉为神。——译者注

② 战无不胜的太阳神索尔：古罗马神话职司太阳的神祇，与希腊神话中的太阳神阿波罗相对应，是罗马土生土长的神话人物，其历史可追溯至罗马建城之时。在罗马共和国时期，索尔曾与月神卢娜一起被供奉在马克西穆斯竞技场（Circus Maximus）的一座神庙中。罗马帝国早期，太阳神索尔成了庇佑皇帝免于危险的神祇，地位得到提升。韦斯巴芗皇帝（9—79，69—79 在位）曾为索尔塑造巨大雕像，在图拉真皇帝（53—117，98—117 在位）和哈德良皇帝（76—138，117—138 在位）时期，索尔的形象也曾出现在铸有皇帝的钱币之上。——译者注

以进行宣传，而这在后世的历史研究中便被称为"君士坦丁的异教愿景"（《拉丁语庆典颂词集》①（*Panegyrici Latini*），第6[7]卷，第21章，第3节—第7节）："正如我所相信的那样，君士坦丁，你所见到的便是你的阿波罗，还有他在胜利女神维多利亚的陪同下将桂冠赐予你的情景，每一顶桂冠都预示着你长达三十载的统治……那么究竟为何我要说'我相信'呢？因为是你见到了阿波罗，在理应统御世界的那个人身上，你重新发现了你自己……"这场"公关活动"显露出了君士坦丁意欲塑造自身形象并赢得专属身份的企图，而这一做法之后也在世俗领域得到了彻底的贯彻。311年4月，第一代四帝共治中唯一仍旧在位的皇帝伽列里乌斯颁布了著名的宽恕赦令，从而正式承认对基督徒大迫害的失败，并宣告基督教为合法宗教（religio licita），许之以平等地位。之后，这位皇帝便于当年春天驾崩。伽列里乌斯逝世后，还剩下三位奥古斯都及马克森提乌斯

---

① 《拉丁语庆典颂词集》收集了十二篇古罗马时期的颂词，除第一篇是由小普利尼于公元100年所作的颂词外，其余大部分的作者均不详，但可能于289年至389年间在高卢写成。颂词大多为敬献皇帝而作，其中包括君士坦提乌斯一世、马克西米安、君士坦丁一世、尤利安、狄奥多西一世等。颂词集的原始手稿发现于1433年，现仅存抄本。

（阿非利加的篡位者多米提乌斯·亚历山大已于309年或310年被击败）。帝国的西部最终不可避免地爆发了君士坦丁和马克森提乌斯之间的战争，这场战争终结于罗马的米尔维安大桥战役（312年10月28日）。最后，君士坦丁克敌制胜，名震四方。而在帝国东部，李锡尼则战胜了马克西米努斯·代亚（313年4月）。由此，帝国便剩下了两位奥古斯都，然而他们却彼此敌对，水火不容。

发生于312年10月28日及其之后的一系列事件，不仅仅意味着君士坦丁在追求乾纲独断的君主统治之路上所取得的重大突破，尤其是在"君士坦丁改宗基督教"这一争论不断的问题上，这些事件对于崇奉一神的基督教最终成为罗马帝国国教更是具有里程碑意义。在不少文献中都流传着由拉克坦提乌斯与尤西比乌斯所记录的君士坦丁在战前受基督托梦的事迹，据说正是这梦中的幻景促使君士坦丁命令在士兵的盾牌上画上十字标记。因此依照这种说法，君士坦丁便是在基督的指引之下率领大军投入了这场至关重要的战役，而他也将此战获胜归功于基督。关于基督托梦君士坦丁的具体细节及梦境对他个人态度及其宗教政策的影响无法在这里详细展开，但这些均是极具争议性的话题。尽管如此，以下两点还是相对确定的：第一，自君士坦丁战胜马克森提乌斯起，前者便显而易见地表露出对于基督教及其教会的亲近态度。这一点从君士坦丁为调停所谓的多纳图教派之争^①而与他人往来的书信中可以看出。这场争论在北非的两派基督徒之间展开，其势风起云涌，愈演愈烈，其中一派为恪守基督信仰的教徒，另一派则是在戴克里先大迫害时期未能始终如一坚持信仰，被迫改宗的教友。自313年起，这场争论曾引发了多次宗教会议。第二，尽管如此，君士坦丁也全然没有与传统的罗马多神教信

---

　　① 多纳图教派反对在戴克里先大迫害时期被迫改宗的教友重新加入基督教，并宣称所有由后来脱教教士所主持的各项圣礼一律无效。312年至313年间，迦太基主教盖基利安努斯（Caecilianus）遭到罢免，因为将他选举为主教的其中一人正是在大迫害时期的脱教者。于是，盖基利安努斯的支持者与反对者便先后多次向君士坦丁皇帝上书请愿，之后举行的多次宗教会议都认定盖基利安努斯的主教身份合法。而多纳图教派便得名自一位反对盖基利安努斯担任主教的教士，包括他在内的所有反对者最后都遭到驱逐。鉴于罗马教会同意接受先前脱教者重新入教，多纳图教派便决定与之决裂。314年的阿尔勒宗教会议最终认为，包括洗礼和神甫受职在内的所有圣礼的有效性与圣礼主持者本身是否坚守信仰无关，由此明确反对多纳图教派的主张，而君士坦丁皇帝本人也支持此次会议的决定。多纳图教派的影响主要集中在北非迦太基地区，并历经汪达尔人自429年起对北非的统治而一直持续到534年查士丁尼一世重新征服该地区。——译者注

仰彻底疏远。因为他仍旧身兼大祭司①一职，并因此负责维系所有的宗教仪式。此外，他还大张旗鼓地宣扬自己与战无不胜的太阳神索尔尤为相近（313年所铸之金币即是例证），并且在行使其立法之权时也仅是小心谨慎地对基督教教会及其教士予以支持，而并无其他过分之举。另外，当代历史研究通常要么明确假定要么就未加言明地认为，异教和基督教对于君士坦丁而言就意味着非此即彼的选择，而事实究竟是否如此，似乎还尚存争议。如果异教和基督教之间并非二选其一的关系，那么从太阳神过渡到光芒普照人世的基督教上帝，这就并不是什么遥不可及的事，也许在与马克森提乌斯的决战中，正如君士坦丁在310年宣扬其与太阳神阿波罗尤为

---

① 大祭司（pontifex Maximus）：最初为古罗马多神教信仰中最高位阶的祭司，负责监管罗马所有的宗教事务，自公元前3世纪起由特定的民众大会选举产生。罗马共和国时期的最后两位大祭司分别为盖乌斯·尤利乌斯·恺撒和马尔库斯·埃米利乌斯·雷必达。公元前12年雷必达逝世后，奥古斯都便兼任大祭司一职，而之后的所有罗马皇帝也都享有这一头衔。当帝国存在多位共治皇帝时，则享有大祭司头衔的皇帝地位最尊。在罗马帝国改宗基督教以后，大祭司这一头衔逐步失去了意义，382年，格拉提安皇帝（359—383，367—383在位）放弃了大祭司的称号。后来这一称号为罗马大主教所采用，并逐渐成为天主教会对教宗的称呼。——译者注

相近那样，他所回想起的仅仅是阿波罗向他托梦而已，而之后基督教作家和君士坦丁本人在基督教的意义上对此进行了强调和重新解释。此外，当时人们早就习以为常的十字形军徽和放射状星形标志也完全有可能被同一批具有基督教倾向的作家有意解释或误读为凯乐符号①。至少可以肯定的是，之后由君士坦丁所引入的所谓拉布兰旗（Labarum）直到4世纪20年代初期才得到使用，这种四方旗挂于长矛之上，矛端饰有凯乐符号，是明确无疑的基督教旗帜。而拉布兰旗的图案则首见于327年至328年间的钱币之上。

因此，我们不得不更倾向于认为，君士坦丁在312年之后的宗教政策具有一种矛盾性。一方面显而易见的是，基督教获得了优待，其地位得到了提升，而与此同时，为了不冷落那些依然占据多数的信奉异教的政治社会精英和士兵，君士坦丁也恰到好处地兼顾了这些罗马自身的宗教信仰。315年，为了纪念君士坦丁而建于罗马的凯旋门便象征了这位皇帝对于宗教的此种态度，凯旋门的设计细节事先必定得到了皇帝的首肯，其主要铭

---

① 凯乐符号（Christogramm）：在希腊语"基督"一词"ΧΡΙΣΤΟΣ"中取词首两个字母"Χ""Ρ"组合而成，以代表耶稣基督。——译者注

文公开言明，君士坦丁乃因神祇显灵并得其指点而得以战胜马克森提乌斯，但在此处却并未指明神祇的具体身份（拉丁语铭文中使用的是"instinctu divinitatis"，意为神之启示）。由此，这一含糊的表述便可任由所有观看者做出近乎随意的解读，并因此可以在宗教政策上起到包容整合之效。君士坦丁凯旋门上的一系列浮雕便可支持这一多元化的解读，因为浮雕所塑的都是传统信仰中的罗马诸神，比如索尔、狄安娜①与森林之神西尔瓦努斯②。

君士坦丁的这一宗教政策对后世产生了深远的影响，尤其是深谙于此的历史学家，他们在回溯历史时赋予了"君士坦丁改宗基督教"极为重大的意义，但与此同时，不可忽视的是，我们自然也须在当时政治力量博弈的背景之下去理解这位皇帝所采取的立场，而这些斗争曾经很可能占去了他的主要精力。因为在当时，君士

---

① 狄安娜（Diana）：罗马神话中的月神、狩猎女神与生育之神，与希腊神话中的阿耳忒弥斯相对应，也是三相女神中的形态之一，其三位一体的组合分别为"天上的卢娜、地上的狄安娜、冥府的普洛塞庇娜"。——译者注

② 西尔瓦努斯（Silvanus）：罗马神话中的牧神与森林之神，半身为山羊，头戴百合花冠。罗马人经常将其等同为希腊神话中的牧神潘恩与罗马神话中的自然和森林之神法乌努斯。——译者注

坦丁和李锡尼的竞争已经扩展到了各个政治领域，313年2月，由两位皇帝在米兰所签署的有利于基督教的敕令（常常被误称为"米兰宽恕敕令"）具有高度的政治意义，因为君士坦丁本是这道敕令的发起者，这样一来，他在帝国东部希腊地区数量尤为众多的基督徒眼中便当之无愧地成了他们的庇护者。此外，君士坦丁还不断加大对基督教象征符号的引入与融合力度(比如在315年铸造于堤契诺①的著名钱币上，基督教凯乐符号便被添加到他的头盔之上)，因此，这一做法也充分说明了君士坦丁有意在宗教政策上与另一位"朱庇特的化身(Iovius)"李锡尼保持距离。尽管李锡尼因迎娶君士坦丁的同父异母妹妹君士坦提娅②而与君士坦丁结成了姻

---

① 堤契诺（Ticinum）：意大利伦巴第大区西南部城市帕维亚的拉丁语古称，曾为罗马帝国军队的驻防地。在奥勒良皇帝（214—275，270—275 在位）统治时期，帕维亚成了罗马帝国最大的钱币铸造基地。——译者注

② 弗拉维娅·朱莉娅·君士坦提娅（Flavia Iulia Constantia）：君士坦提乌斯一世与弗拉维娅·马克西米安娜·狄奥多拉（Flavia Maximiana Theodora）之女，315 年与李锡尼生下一子，名为李锡尼安努斯·李锡尼（Licinianus Licinius）。316 年，君士坦丁和李锡尼之间爆发内战，战败后君士坦提娅随李锡尼逃至哈德良堡。324 年，两军再度兵戎相见，君士坦提娅曾于尼科米底亚为其丈夫和兄长居中调停。李锡尼战败后，君士坦提娅说服君士坦丁保

亲关系，但是双方之间的矛盾仍旧迅速升级，尤其是因为君士坦丁愈加明显地表露了自己欲独享君权的要求。两位皇帝之间这种紧张的对立关系大约在316年最终爆发，第一场战役发生在契巴莱②附近（今卢布尔雅那以东），随后两军又再战于哈德良堡②（今埃迪尔内）近郊，两场战役君士坦丁都凯旋得胜。两度败北的李锡尼不得不撤出他（直至色雷斯的）近乎全部的欧洲领土，而君士坦丁则在新征服的土地上——主要是在塞尔蒂卡

全其丈夫与儿子，但325年君士坦丁便处死了李锡尼，次年又杀害了他的儿子。君士坦提娅因颇得君士坦丁眷顾而得以在宫中保持尊贵的身份，并曾支持过阿里乌教派。330年，君士坦提娅过世，君士坦丁曾在诸多钱币上铸造其头像以示怀念，并将当时的加沙港改为君士坦提娅。——译者注

　　① 契巴莱（Cibalae）：今克罗地亚东部城市温科夫齐的拉丁语古称，在距今七千多年的新石器时代就有人在此定居。伊利里亚人曾居住于此，后被凯尔特人驱逐。罗马帝国皇帝瓦伦提尼安一世（321—375，364—375在位）和瓦伦斯（328—378，364—378在位）曾出生于此城。——译者注

　　② 哈德良堡（Adrianopel）：今土耳其城市埃迪尔内，邻近希腊和保加利亚边境。此地曾于公元前171年至公元前168年间被罗马人征服，后奥古斯都放弃了对包括此城在内的色雷斯地区的占领，克劳狄一世（前10—54，41—54在位）又重新征服了该地，125年前后哈德良皇帝（76—138，117—138在位）下令重建此城，并将其命名为哈德良堡。——译者注

（Serdica，今索菲亚）——停留了下来，以大肆炫耀其胜利，并为最后的较量积极备战。一切都终结于 324 年 7 月。两军再度于哈德良堡兵戎相见，据说双方都为此倾尽全力。在这场血腥的战役中，据称共有 34 000 名士兵阵亡，而获胜的君士坦丁则立即对逃往拜占庭的李锡尼紧追不舍。在那里，君士坦丁之子，身为恺撒的克里斯普斯①消灭了李锡尼的海军舰队，李锡尼由此败局已定。324 年 9 月，李锡尼在克里索波利斯 (Chrysopolis，今属伊斯坦布尔市) 附近的最后一战中落败，之后他被迫"养老退休"，次年便被君士坦丁下令处死。

由此，324 年秋，传统的君主统治得以重新建立。正如当年元首制的建立者奥古斯都大帝那样，君士坦丁走向乾纲独断、君主专制的漫漫长路同样是由众多死亡所铺就的，也同样像当年奥古斯都一样，当谋杀在君士坦丁看来颇有好处且十分必要时，他也会毫无顾忌地使用这种手段。这一点突出体现在 326 年所发生的一系列

① 克里斯普斯（Crispus，约 305—326）：君士坦丁一世的长子，为米涅维娜（Minervina）于帝国东部所生，后被送至高卢，在特里尔接受基督教学者拉克坦提乌斯的教导，317 年与法乌斯塔之子君士坦丁二世一起被擢升为西部帝国的恺撒，318 年、321 年和 324 年克里斯普斯曾三度被任命为执政官，320 年因击败法兰克人而取得首次军事上的胜利。——译者注

充满戏剧性的事件上，可谓出人意料，叫人胆寒。在那一年，君士坦丁因为某些至今不能明确解释的原因，不仅诛杀了李锡尼的儿子，更下令处死了自己的妻子法乌斯塔和已经身为恺撒的亲生儿子克里斯普斯。后来的异教历史学家佐西姆斯[①]（5 世纪末、6 世纪初）认为君士坦丁之所以皈依基督教，就是因为只有这个宗教才会为犯了此等暴行的作恶之人洗刷罪名。这种说法当然与异教徒抨击基督教的说辞无异，但无论如何，独掌大权且身为首位基督教皇帝的君士坦丁却仍然背负着嗜杀亲族的罪恶烙印。

　　总体而言，在君士坦丁真正独掌大权，成为整个罗马帝国唯一皇帝的这一时期（324—337），帝国对外作战取得了一系列胜利，对内则延续四帝共治时代的多项政策继续积极地推进改革，而在宗教政策上，基督教内部的分歧却日益凸显。在军事方面，君士坦丁不仅在与国内众多政敌的斗争中所向披靡，而且在对外战争中也

---

　　① 佐西姆斯（Zosimus）：古典时代晚期历史学家，曾著有《新历史》（*Historia nea*）一书，被誉为异教史家在古典时代的最后一部历史著作。该书总共六卷，记述了从奥古斯都至 410 年的罗马帝国历史，对 4 至 5 世纪的历史着墨颇多，全书戛然而止于 410 年西哥特国王亚拉里克一世率军占领罗马，人们由此认为此书未能最终完成。——译者注

频频告捷，由此更证明了其杰出的作战才能。比如，帝国对日耳曼人的战争于 306 年或 307 年开始，并一直持续到 313 年，在此期间，君士坦丁战胜了法兰克人①和布鲁克特人②，同时还修筑了新的防御工事（其中包括位于科隆的莱茵河桥与道依茨城堡③），从而稳固了帝国在莱茵河边境的局势。此外，315 年，帝国的多瑙河前线也因萨尔马提亚人和哥特人被击败而得到了巩固，然而到了 322 年与 323 年间，罗马帝国不得不再次对这些部落用兵，最终，帝国很有可能与萨尔马提亚人缔结了

---

① 法兰克人（Franken）：居于莱茵河北岸法兰西亚地区的日耳曼部落的总称，4 世纪和 5 世纪时曾与罗马帝国结盟。西罗马帝国灭亡后，克洛维一世统一法兰克诸部落，建立了法兰克王国，并成为墨洛温王朝的首任国王。——译者注

② 布鲁克特人（Brukterer）：日耳曼部落的一支，最初在 1 世纪定居于埃姆斯河中游和利珀河上游之间的区域。公元前 12 年，布鲁克特人曾被罗马将领尼禄·克劳狄·德鲁苏斯（Nero Claudius Drusus）击败，9 年，布鲁克特人参与了令罗马军队遭到惨败的条顿堡森林战役。4 年和 11 年，提比略击败了布鲁克特人。14 年至 15 年间，德鲁苏斯之子日耳曼尼库斯·尤利乌斯·恺撒（Germanicus Julius Caesar）再度击溃了布鲁克特人。——译者注

③ 道依茨城堡（Kastell Deutz）建于莱茵河东岸，并通过莱茵河桥与当时罗马帝国的殖民地科隆相连，以确保莱茵河桥的安全，并巩固帝国北方边境。401 年罗马人撤离了道依茨城堡，430 年之后法兰克人接管此处，并在城堡内建造了王宫。——译者注

联盟条约，才最终结束了这场战争。在接下来的几年中，君士坦丁大多数时间都停留在多瑙河流域，并致力于扩建这一带的边境防御工事，以继续戴克里先未竟的事业。不过，哥特人仍然是罗马帝国极其危险的敌人，他们频繁地向帝国发动进攻，于是，对哥特人的战争便在332年再度爆发。最终，这场战争以签订和约而告终，而这项协议在当代学者眼中极具争议。有些学者认为，君士坦丁首次给予了哥特人作为隶属于帝国的盟友之地位，这就是说，他给予了哥特人在罗马帝国境内的土地以供其定居，并进一步承认他们的自治权利。但这种观点可能与事实并不相符，因为此类协议大概最早也要到狄奥多西一世时才出现。不过可能的情况也许是，君士坦丁在当时不得不表示愿意向哥特人支付钱财，以防止他们进一步向罗马帝国发动进攻，然而这一点也缺乏明确的历史依据。

负责皇帝公众形象的设计并将其付诸现实的皇家文书自然不会去关心上文所述的那些细微之事。他们的职责在于，以令人信服且变化多样的方式向世人宣传君士坦丁战无不胜和伟大崇高的形象。因此，在铭文和钱币上总是不断出现暗示性的文字，以称颂君士坦丁乃是击败哥特人的最伟大的胜利者（Gothicus maximus），同时，也是所有其他可能与罗马为敌之民族的征服者。另外，君士坦丁下令建立君士坦丁堡，称得上是用来纪念胜利的一种特殊方式，同时这也是这位皇帝影响至深至远，乃至及于当代的措施之一。当君士坦丁在330年5月11日的大典中，宣告以自己的名字将当时已然闻名于世的拜占庭更名为君士坦丁堡时，他全然无意于用这座"新罗马"取代罗马城，也并不打算由此建立一座帝国的新都。其实，君士坦丁的首要目标在于，通过这一举动来彰显自己的伟大，并使之化为永恒。在宗教政策方面需要强调的是，这座新的君士坦丁之城还拥有不少的传统异教元素。举例来说，在君士坦丁堡建造了供奉命运女神堤喀①的神庙，而堤喀同时也是君士坦丁堡的庇护者。此外，还有敬献给狄俄斯库里兄弟（卡斯托耳和波鲁克斯）②的神庙，因为他们自古以来便一直被视为

---

① 堤喀（Tyche）：希腊神话中的命运女神与吉凶之神，相当于罗马神话中的福尔图娜。堤喀常以头戴壁形金冠的少女形象出现，船桨、翅膀、盛满果实鲜花的丰饶角和置于球体或轮盘之上的船舵都是这位神祇的象征物。在古希腊时期，安条克、亚历山大等城市都尊堤喀为其庇护神。——译者注

② 狄俄斯库里兄弟（Dioskuren）：希腊神话中斯巴达王后丽达所生的一对孪生兄弟，其中哥哥波鲁克斯的父亲为宙斯，可长生不死，而弟弟卡斯托耳的父亲则是斯巴达国王廷达柔斯，因而仅有肉体凡胎。兄弟二人都是优秀的猎人与驯马师，曾追随伊阿宋乘

在战争冲突中襄助罗马的神祇。君士坦丁下令为自己建造了一座广场①，作为这座全新城市的中心，其中央立有一座板岩巨柱，柱顶放置了君士坦丁的雕塑，并采用了太阳神索尔的形象。而在一旁，明显归属于基督教的诸多建筑也毫无疑问地给这座城市留下了鲜明的、深刻的印记。其中最负盛名的要数圣使徒教堂②，君士坦丁

坐阿尔戈号去寻找金羊毛。传说卡斯托耳在与其堂兄弟伊达斯的一场争吵之中被后者打死，接着波鲁克斯便杀死了伊达斯的兄弟林叩斯，而伊达斯也被宙斯用闪电劈死。面对弟弟卡斯托耳的死亡，波鲁克斯痛不欲生，他请求宙斯赋予他肉体凡胎，以前往冥界与其弟弟相见。宙斯深受感动，便给了波鲁克斯两个选择：他要么选择永久保持年轻，与众神一起居于天界，要么选择一日在冥界陪伴卡斯托耳，一日则在天界与诸神同列，而与此同时他则会日渐衰老并最终死亡，波鲁克斯毅然选择了后者。后来宙斯被他们的兄弟情深所感动，便将他们提升到天界，成为双子座。——译者注

① 广场：即君士坦丁广场，主体呈圆形，东西两侧辟有恢宏的大门，广场中心矗立着君士坦丁纪念柱，原高 50 米，共分为九段。1106 年狂风吹倒了柱顶的君士坦丁雕像和最高的三段，后来东罗马帝国皇帝曼努埃尔一世（1118—1180，1143—1180 在位）在顶部安放了十字架以取代原来的雕像。1453 年奥斯曼土耳其人攻陷君士坦丁堡，柱顶的十字架被取下。1779 年的大火将纪念柱烧成焦黑，因此又得名"被烧之柱"。君士坦丁纪念柱至今仍存 35 米，是如今伊斯坦布尔著名的古罗马遗迹。——译者注

② 圣使徒教堂：始建于 330 年，君士坦丁皇帝统治时期，当时意在供奉耶稣的十二门徒，但实际上仅收集到圣安德烈的圣

42

下令将他的遗体安葬在这座教堂之中，并命人将其本人尊奉为所谓的第十三位使徒。

除此之外，君士坦丁还计划赋予这座新建的城市作为帝国行政中心的突出地位，并因此还为其单独设立了元老院（但仍隶属于罗马的元老院）。这一措施虽然仍承袭久远的前代之风，但与共和体制几乎已无甚关联，因为与此同时，众多纯粹的皇家建筑被建造了起来，其中包括一座宏大的皇宫，这样的规模与声势也明显盖过了对前代传统的继承与沿袭。这是因为君士坦丁堡所要成为的就是一座备受垂青的国都，而这座肇始于戴克里先—君士坦丁时代、历经罗马帝国晚期和拜占庭帝国时期的皇家宫殿，早在君士坦丁治下就已经达到了相当可观的规模。比如，在当时就已经有了常设于皇帝御前的枢密院，众多的宫廷官员及居于宫中的帝国官员（例

髑。君士坦丁皇帝死后亦安葬于此。东罗马帝国查士丁尼皇帝在位期间，在原地新建了规模仅次于圣索菲亚大教堂的圣使徒教堂，并于 550 年竣工祝圣，历代众多皇帝、主教等都在此长眠。1204 年，圣使徒教堂在第四次十字军东征中遭到洗劫。1453 年，君士坦丁堡被奥斯曼土耳其攻陷，圣索菲亚大教堂被改为清真寺，苏丹穆罕默德二世命令东正教牧首迁至圣使徒教堂，由此该教堂成为东正教教会的中心。1461 年，穆罕默德二世下令拆毁圣使徒教堂，并在原址兴建了同样宏伟的"征服者清真寺"——法提赫清真寺。——译者注

如御前监察大臣①、御前秉笔大臣②、两位最高财政大臣③），而这些官员也都分别配备了规模庞大的工作班子。此外，宫廷中还有其他所有可能为皇帝所需的侍臣，他们的数量在之后的几个世纪中不断增长。在这里所提及的官职中，有一部分要么是君士坦丁所新设立的，要么就是由他重新确定了职责权限的，而这些都表明了这位皇帝励精图治，意欲延续并推进戴克里先的改革政策。另外，这一点还体现在，君士坦丁继续坚定不移地

---

① 御前监察大臣（magister officiorum）：对这一官职的记载首见于君士坦丁一世时期，但很可能在戴克里先时期就已设置。御前监察大臣位居宫廷诸官之首，主管公共邮驿、皇家军械制造并统领大多数宫廷官员。自5世纪起，御前监察大臣还在东罗马帝国获得了对边防军的监察之权。此外，他还负责统领一部分皇宫卫队。在西罗马帝国灭亡后，这一官职依然在奥多亚塞统治时期和后来的东哥特王国得到了保留。——译者注

② 御前秉笔大臣（quaestor sacri palatii）：罗马帝国晚期的高级官员，在宫廷中的地位仅次于御前监察大臣。御前秉笔大臣负责起草皇帝诏令，通常由德高望重的学者或演说家担任。西罗马帝国灭亡后，这一官职在奥多亚塞统治时期和后来的东哥特王国仍见诸史端，并被东罗马帝国沿用直至7世纪。——译者注

③ 两位最高财政大臣（comes sacrarum largitionum、comes rei privatae）：前者分管间接税和贵重金属税款的征收，并负责监察造币、采矿与纺织业等；后者负责掌控帝国资产，包括其征收、租用、出售与相关收益等事宜。——译者注

推进民政机构与军事机构的分离。例如，原来的禁卫军长官之职已有几百年的历史，且树大招风，时常干预政事，经过君士坦丁的改革之后，这一职位成了纯粹负责行政管理的文官，且由四到五人担任，主要负责最为重要的税种——税粮（annona）——的征收与军队的补给。为了取代禁卫军长官，君士坦丁创设了大元帅（magistri militum）一职以作为新的军队统领。在这之后——尤其是在 4 世纪晚期和 5 世纪——这一职位便逐渐成了事实上的帝国当权者。在货币和财政方面，君士坦丁也同样以积极改革而著称。他前承戴克里先，引入了索里达金币（solidus）这一稳定的黄金货币，并在此基础上建立了以金本位为导向的钱币体系，该体系据称在整个拜占庭时代都得到了沿用。另外，君士坦丁还对征税进行了合理化安排，他将重新估定税额（indictio）的周期定为每十五年一次。这一由君士坦丁所新引入的时间周期后来被作为一种纪年方式，其影响一直延及中世纪。

君士坦丁在教会政策上的改革自然没有先人前辈可以效法，但其产生的影响却至为深远。上文已经提到，君士坦丁调解了起于北非的多纳图教派之争，并作为发起人召集了由各主教参加的宗教会议，甚至还主持了部分会议议程。另外，君士坦丁还介入了围绕所谓的阿里乌教派而展开的基督教内部第二次大论战，因为他宣称所要达到的目标是，在基督教界内部建立并维系一种统一与和谐的关系。这场论战因亚历山大城的基督教长老阿里乌①的观点而起，他认为超越一切时间和因果的上帝与由他所创之物、逻各斯②乃至圣子耶稣都有着本质的区别。起初，君士坦丁认为这场讨论完全是对宗教教

---

① 阿里乌（Arius，约260—336）：又译"亚流"或"亚略"，出身于罗马帝国昔兰尼加行省（Kyrenaika，今利比亚东部），精通柏拉图主义。阿里乌认为，逻各斯与上帝并非同一，圣子亦为上帝所造，且圣子并非自古便永恒存在，而是自其诞生而始。320年，亚历山大城主教亚历山大召开宗教会议批判阿里乌的学说，后者被迫离开埃及，向该撒利亚的尤西比乌斯和尼科米底亚的尤西比乌斯求助，这样一来，整个东部帝国的基督教会都卷入了这场论战之中。在第一次尼西亚大公会议后，阿里乌被放逐到巴勒斯坦，但在尼科米底亚的尤西比乌斯的影响之下，对阿里乌的流放后来又被撤销，而阿里乌的宗教立场也有所缓和。335年，阿里乌本可得到皇帝对他的彻底平反，因为这时他已宣布接受《尼西亚信经》。当时，君士坦丁皇帝曾命令君士坦丁堡主教亚历山大（Alexander von Konstantinopel，250前后—337/340）负责接待阿里乌，但后者却坚决反对，并祈祷阿里乌在到达君士坦丁堡前死去。巧合的是，阿里乌确实在前往君士坦丁堡的途中突然死亡。也有史籍认为阿里乌是被其反对者下毒而亡。——译者注

② 逻各斯（Logos）：在基督教新教的《圣经》汉译本中往往被译作"道"，在天主教的汉译《圣经》中有"圣言"的译法。——译者注

义的吹毛求疵，并未予以重视，但讨论却不断扩大升级，尤其是亚历山大城的主教亚历山大[①]及其继任者亚他那修[②]采用严酷的手段对此给予了回应。于是君士坦丁最

① 亚历山大城的亚历山大（Alexander von Alexandria，？—328）：313年至328年任亚历山大城主教，他乐善好施、能言善辩、正直朴素，因而在百姓和教士中享有崇高的威望。在一次论辩中，阿里乌指责亚历山大的主张属于被视为异端的撒伯流主义，该主义认为圣父、圣子和圣灵实为同一上帝三个前后相继的不同形态。当阿里乌首次公开其学说时，亚历山大曾试图规劝前者放弃异说、回归正途，但随后就有教士批评亚历山大的态度过于温和。随着论战的不断升级，亚历山大于320年召集了一百余名来自埃及和利比亚的主教在亚历山大城举行宗教会议，开展对阿里乌的批判。君士坦丁曾命人传信，要求亚历山大和阿里乌和解。在第一次尼西亚大公会议上，亚历山大成了反对阿里乌教派的核心人物之一。大公会议结束五个月后，亚历山大逝世，后来的东正教和天主教都将他尊为圣人。——译者注

② 亚他那修（Athanasius，296—373）：曾任亚历山大城的主教，同时也是阿里乌教派的著名反对者，在世之时就已被誉为"教会之柱""正教之父"。亚他那修熟知柏拉图、亚里士多德的思想和新柏拉图主义，年轻时曾在亚历山大城主教亚历山大的住处当值，并成为后者的秘书。早在阿里乌派之争爆发前，亚他那修就曾撰写了《论逻各斯的化身》（*Über die Inkarnation des Logos*）一书，并在其中提出耶稣实为上帝化身的观点。后来，亚他那修又随亚历山大参加尼西亚大公会议，并在会上激烈批评阿里乌教派的观点，坚持耶稣和上帝乃是同一本质的思想，从而为基督教三位一体的教义奠定了基础。亚他那修在成为亚历山大城主教后曾几经大起大落，他几度遭到流放，又几度复任原职。比

后不得不出面召集了帝国全体主教会议，这次会议也作为首次基督教大公会议①（即第一次尼西亚大公会议）而被载入史册。这次大公会议除制定了众多的教会组织规章之外，还最终确立了鲜明地反对阿里乌教派的《尼西亚信经》，其主旨核心一直沿用至今(325年6月)。《尼西亚信经》中明确指出圣子与圣父实乃同质（希腊语：homousios），而阿里乌也由此被开除教籍，驱逐流放。

然而，君士坦丁希望基督教内部归于和平的心愿却并未实现，恰恰相反的是，在接下来的数年中，阿里乌教派的信众再度门庭若市，而阿里乌本人也在327年至328年间获准再度重归教会，更为讽刺的是，君士坦丁

如，尼科米底亚的尤西比乌斯曾向君士坦丁面进言：亚他那修权势熏天，恐有擅自中断埃及向国都供应粮食之虞。君士坦丁对此颇为忌讳，遂于335年下令将亚他那修放逐到特里尔。在君士坦丁之子君士坦提乌斯二世当政期间，这位信奉阿里乌教派的皇帝亦曾召开宗教会议对亚他那修进行批判，并迫使后者逃亡。362年，信奉异教的尤利安皇帝撤销了对亚他那修的放逐，后者又得以重登亚历山大城的主教之位。——译者注

① 大公会议由全世界基督教教会之主教参与，以审理表决重要教会事务和教理争端，因此，大公会议所产生的决议对基督教全教都具有效力。1054年东西方教会分裂后，东正教只承认前七次大公会议所确立的教义信条，而之后的大公会议均由罗马天主教单方面举行。——译者注

临死前（337 年 5 月 22 日）正是由亲阿里乌教派的尼科米底亚主教尤西比乌斯①为其施洗的。君士坦丁留给他继任者的未竟之业不仅有准备良久却未及实施的对波斯的作战行动，还包括蔓延不止、尚需平息的基督教内部矛盾，以及基督教和异教之间的冲突。然而，最大的未解难题其实还是皇位继承人问题，对此，君士坦丁的家族内部无法达成一致。君士坦丁皇帝曾经极有可能打算让他的家族后代在四帝共治的框架下一同延续他的王朝。按照他的设想，他的两个儿子——君士坦提乌斯

---

① 尼科米底亚的尤西比乌斯（Eusebius von Nicomedia，？—341）：曾任尼科米底亚和君士坦丁堡主教，也是 4 世纪上半叶除了阿里乌本人之外最为知名的阿里乌教派领导人物。在尼科米底亚任主教期间，尤西比乌斯曾颇得李锡尼妻子、君士坦丁同父异母妹妹君士坦提娅的厚待。作为阿里乌教派的代表人物，尤西比乌斯曾与亚历山大城的主教亚历山大展开书信激辩，并参与第一次尼西亚大公会议的讨论。尽管他签署了尼西亚信经，但他之后仍再度坚持阿里乌教派的立场，并要求教会撤销将阿里乌开除教籍的判决，他也因此被君士坦丁流放，但在此期间君士坦提娅一直为尤西比乌斯求情。在之后的几年中，尤西比乌斯一直致力于维护阿里乌教派的观点，并成功促使君士坦丁将不少反阿里乌派的主教免职。君士坦丁逝世后，尤西比乌斯试图在宗教政策上对年轻的帝国东部皇帝君士坦提乌斯二世（317—361，337—361 在位）施加影响，同时，他作为日后继位的尤利安（331—363，361—363 在位）的监护人还负责其教育事宜。——译者注

二世与君士坦丁二世——登基为地位较高的奥古斯都，而他的儿子君士坦斯一世和侄子弗拉菲乌斯·德尔马修斯①则继位为地位较低的恺撒。然而，正如后来的发展所显示的那样，这一构想最终未能成为现实。

①　弗拉菲乌斯·德尔马修斯：君士坦丁的同父异母弟弟弗拉菲乌斯·德尔马修斯[Flavius Dalmatius，又称"监察官德尔马修斯(Dalmatius der Zensor)"]的儿子，与其父同名。——译者注

第四章

君士坦丁的儿子们
（337—361）：节节后退

君士坦丁在安排后事时，不仅考虑到了已经由他着手进行的诸项改革，同时也顾及了他对当时政局的根本判断。一方面，设立各大禁卫军长官辖区在一定程度上促进了帝国的分区管理，而与此相应的还有（在戴克里先四帝共治时期就已实行的）诸位共治皇帝对管辖区域分而治之的安排。

另一方面，戴克里先所建立的皇位继承制度的最终失败也表明，在继承人问题上，对在位皇帝之子不予考虑的做法，会进一步加剧本已十分棘手的皇权统治的不稳定性。最后，帝国在 3 世纪所经历的一系列危机也充分说明，在外部威胁日益严峻的情况下，仅有一位皇帝是不足以确保边境乃至整个帝国的安全的。由此，多位皇帝分工治理显然是最理想的方案。然而，正如奥罗修斯针对第一代四帝共治所强调的那样，这一方案自然需要满足以下这个前提，即：共治皇帝之间需要和睦相处，或者至少要有合作的愿望与能力。但这正是君士坦丁的诸位儿子从一开始就缺乏的，而这种自君士坦丁驾崩之后便笼罩帝国的不确定因素清楚地表现为，当时的四位恺撒没有一人使用了奥古斯都的头衔。他们在一定程度上互相窥伺，又互不信任，静待他人首先采取行动。最后，效忠于君士坦提乌斯二世的士兵便成了这一并不光彩的举动的始作俑者，他们在君士坦丁亲族内部展开了血腥的屠杀①，其中就连身为恺撒的德尔马修斯也沦为牺牲

———————

① 君士坦丁在4世纪20年代曾打算将他的四个儿子作为继承人，即克里斯普斯、君士坦丁二世、君士坦提乌斯二世和君士坦斯。但从30年代起，君士坦丁开始考虑将他的继母弗拉维娅·马克西米安娜·狄奥多拉的后代也加入继承人之列，比如，他让君士坦提乌斯二世迎娶了狄奥多拉之子尤里乌斯·君士坦提乌斯(Iulius Constantius)的一位女儿，还分别于333年和335年任命狄奥多拉之子弗拉菲乌斯·德尔马修斯和尤里乌斯·君士坦提乌斯为执政官。335年，君士坦丁将弗拉菲乌斯·德尔马修斯之子小弗拉菲乌斯·德尔马修斯立为恺撒。此外，君士坦丁还将自己的女儿许配给了弗拉菲乌斯·德尔马修斯的另一个儿子哈尼巴里

品。君士坦丁剩下的三个儿子直到337年9月才正式宣布称帝为奥古斯都，可是他们之间却并未形成亲密协作的同朝共治关系，因为早在340年，君士坦丁二世便率军攻打定都罗马的君士坦斯，也因此丧生。这样一来，便只剩下了（帝国西部的）君士坦斯皇帝和（帝国东部的）君士坦提乌斯二世皇帝。而这二帝并立，分踞东西的局面在随后的历史中还将反复出现。

在君士坦提乌斯二世和君士坦斯分治东西的时期，帝国的东部和西部因外敌袭扰而忧患频发，但两处的事端彼此几乎没有关联，两位奥古斯都实际上也从未携手共治，他们至多仅称得上是各自为战而已。君士坦斯所

安努斯（Hannibalianus），又赋予他"众王之王（rex regum）"的头衔，并委托其管控帝国东部边境的附属国。337年5月22日君士坦丁驾崩之后，政局因为继承人的问题而一度纷乱，直到9月9日，罗马元老院才正式宣布君士坦丁的三个儿子君士坦丁二世、君士坦提乌斯二世和君士坦斯为奥古斯都。而在此之前，君士坦丁的同父异母弟弟弗拉菲乌斯·德尔马修斯和尤里乌斯·君士坦提乌斯及包括小弗拉菲乌斯·德尔马修斯（恺撒）、哈尼巴里安努斯在内的君士坦丁的各个侄儿均在皇族血脉的大清洗中被杀，而他们都是君士坦丁继母狄奥多拉的后代。得以幸存的只有尤里乌斯·君士坦提乌斯的两个儿子盖卢斯和尤利安，他们在当时或是因为年纪尚小、或是因为得到保护而最终幸免于难。——译者注

面临的首先是莱茵河流域日耳曼人和阿勒曼尼人①的袭击与入侵，他在341年至342年间仅以微弱胜绩将其击败。另外，君士坦斯在内政上缺乏深思熟虑，这可能也造成了他统治时期的政局不稳。在宗教政策上，君士坦斯坚决反对阿里乌教派，并坚守第一次尼西亚大公会议所做出的决议，而他的兄长君士坦提乌斯二世则明确表示支持阿里乌教派，两者截然相反。不仅如此，君士坦斯的这一宗教政策也引起了其治下帝国的两极对立和动荡不安。另外，他的增税措施也让民众怨声载道，更进一步加剧了民间普遍存在的不满情绪，以致拥有一半日耳曼血统并在罗马军队中一路晋升的军官弗拉菲乌斯·马尼耶修斯（Flavius Magnentius）得以于350年1月18日在未遭遇任何明显阻碍的情况下顺利篡位。君

---

① 阿勒曼尼人（Alamannen）：古典时代和中世纪早期的日耳曼部落联盟，其活动区域大致为今法国阿尔萨斯省、德国巴登—符腾堡州、巴伐利亚州的施瓦本地区、瑞士德语区、奥地利的福拉尔贝格州及列支敦士登。3世纪时，阿勒曼尼人曾经频繁南侵罗马帝国，而此时帝国因陷于军人政变不断、皇帝频繁更迭的动荡局势之中，无力北顾防卫莱茵河以北与以东的地区，阿勒曼尼人由此得以在这一地带定居，而罗马人也将这一延伸至美因河的区域称为阿勒曼尼亚（Alamannia）。在罗马帝国晚期，阿勒曼尼人与罗马帝国征战不断，互有胜负，罗马人也在莱茵河沿线修筑了一系列要塞碉堡以防御阿勒曼尼人。——译者注

士坦斯且战且退，但最后仍被马尼耶修斯的一位日耳曼战友所杀。随后，崇信异教的马尼耶修斯肆无忌惮地下令将自己的头像印刻在背面带有基督教符号的钱币之上，并以此请求君士坦提乌斯二世承认其帝位。尽管当时君士坦提乌斯二世正忙于用兵波斯，但马尼耶修斯的这一做法并没有阻挡其决定发兵进攻这位不请自来的共治皇帝。351年，君士坦提乌斯二世首先任命他的亲戚盖卢斯[①]为恺撒，并让他临时兼任帝国东方的总督，之后他又在挥师西进的途中废黜了曾短暂称帝的伊利里亚大元帅维特拉尼奥[②]，并于351年9月在（位于潘诺尼

---

① 君士坦提乌斯·盖卢斯（Constantius Gallus，325/326—354）：君士坦丁同父异母弟弟尤里乌斯·君士坦提乌斯的儿子，后来的尤利安皇帝为君士坦提乌斯·盖卢斯的同父异母弟弟，两人自340年起曾由君士坦丁堡主教尼科米底亚的尤西比乌斯负责监护照料。——译者注

② 维特拉尼奥（Vetranio）：曾任负责统领伊利里亚和潘诺尼亚军队的大元帅，在350年马尼耶修斯篡位之后，维特拉尼奥在君士坦提乌斯二世的妹妹君士坦提娜（Constantina）的建议下宣布称帝，因为后者认为可以通过这个办法阻止马尼耶修斯进一步控制久经沙场的多瑙河流域军队，同时她也向其兄长保证，维特拉尼奥易于控制，并不会对他构成威胁。因此，当时维特拉尼奥是站在君士坦提乌斯二世一方的。当马尼耶修斯派军击败了在罗马自立为帝的尼波提安努斯（Nepotianus）之后，君士坦提乌斯二世便正式任命维特拉尼奥为奥古斯都，两人在尼什会见，君

亚行省①的）穆尔萨②附近历经血战，最终战胜了马尼耶修斯，据称在这场战役中有数万人阵亡。353年8月，马尼耶修斯深陷绝境，被迫自杀。

这样一来，君士坦提乌斯二世成了君士坦丁大帝最后一个在世的儿子，他自己并无男性后嗣，但终于在事实上重建了他父亲的君权统治，并恢复了统御帝国全境的至高无上的皇权。在4世纪40年代，君士坦提乌斯二世开始了他父亲统治时期就已着手准备的波斯战争，并最终得胜，从而进一步捍卫了帝国东部边境。之后，君士坦提乌斯二世又击败了国内所有的仇敌，随后他便一直留在帝国西部，直到360年，波斯国王沙普尔二

士坦提乌斯二世更以帝王之礼欢迎维特拉尼奥。但在350年12月，维特拉尼奥不得不在君士坦提乌斯二世的命令下放弃帝位，并最后得以在优渥的生活中度过余生。——译者注

① 潘诺尼亚行省（Pannonien）：9年，潘诺尼亚成为罗马帝国行省，大致相当于今匈牙利西部、奥地利东部、斯洛文尼亚、克罗地亚、波黑和塞尔维亚北部。433年，罗马军团撤出，此地陷于匈人之手。——译者注

② 穆尔萨（Mursa）：今克罗地亚第四大城市奥西耶克（Osijek），在罗马帝国时期初为军事要塞，后发展成潘诺尼亚行省的重要城市。4世纪末，穆尔萨在欧洲民族大迁徙中被毁。433年罗马军团撤出潘诺尼亚行省后，穆尔萨受到匈人的侵袭，并于441年被后者劫掠一空。——译者注

世[①]再度侵入美索不达米亚，从而迫使君士坦提乌斯二世重新回到帝国东部边境。在帝国西部期间，这位皇帝试图推行有力的内政措施和宗教政策，他明显倾向于阿里乌教派的诸多观点，还在阿尔勒（353）和米兰（355）宗教会议上设法对最为重要的基督教激进分子，亚历山大城的亚他那修展开批判。与此同时，君士坦提乌斯二世还立场鲜明地推行反对异教的政策。这首先体现在，当时相关法律的行文措辞对于基督教传教活动表现出了近乎热切的支持（这大体上也同样适用于君士坦提乌斯二世的弟弟君士坦斯所制定的推广基督教的政策，尽管二人因信奉不同的基督教派别而各有侧重）。当时，皇帝之所以积极支持基督教，可能是因为发端于罗马帝国本土，并意在对其他非罗马部族进行基督教化的活动正蓬勃发展，而这些活动并不是由皇帝统辖下的帝国中央所有意规划与主动支持的。尤为值得一提的是，出身于哥特部族却接受了古典教育熏陶的乌尔菲拉（Wulfila,

---

① 沙普尔二世（Shapur II., 309—379）：波斯萨珊王朝国王（309—379 在位），他重振了波斯原本日渐衰落的国势，是继沙普尔一世之后又一位颇有作为的君主。为了夺回其祖父纳赫赛因 298 年败于罗马而被迫割让的领土，沙普尔二世与罗马帝国作战长达 26 年之久，并取得了部分领土。另外，沙普尔二世也曾长期奉行迫害基督徒的政策。——译者注

约307—约383），他曾任哥特人的主教，并将圣经翻译成哥特语，而这也使他得以名留青史。

罗马帝国和基督教的思想财富以如此之声势越过边境向外输出，这既有利也有弊，因为罗马帝国和蛮族国家之间的交往虽然日益增长，但这种关系在本质上却并不和平。日耳曼部族愈加频繁地侵入帝国，其中尤以阿勒曼尼人最为出名，后者在351年至355年间突然攻袭莱茵河左岸的众多城市——特别是施派尔①、沃尔姆斯②、美因茨③、

① 施派尔（Speyer）：德国莱茵兰—普法尔茨州东南部城市，罗马帝国初期曾在此设立要塞，以扼守在此通过的莱茵河河谷驰道。中世纪时，施派尔为神圣罗马帝国皇帝直辖的帝国自由城市。著名的施派尔主教座堂建于神圣罗马帝国时期，为当今世界现存最大的罗曼式教堂，位列联合国教科文组织的世界文化遗产名录。——译者注

② 沃尔姆斯（Worms）：德国莱茵兰—普法尔茨州东南部城市，为《尼伯龙根之歌》传说的重要发源地。在沃尔姆斯帝国会议上，马丁·路德曾为其《九十五条论纲》进行辩护，因此，沃尔姆斯也被誉为"尼伯龙根之城"和"路德之城"。——译者注

③ 美因茨（Mainz）：德国莱茵兰—普法尔茨州东部城市，与美因河注入莱茵河的河口相对。公元前13年至公元前12年间，罗马军队在此处建立了兵营，此后美因茨城市迅速发展，商贾云集，并大约自89年起便成为罗马帝国上日耳曼尼亚行省（Germania Superior）的首府。——译者注

宾根①和科布伦茨②，而君士坦提乌斯二世也只能通过与其签订并不光彩的协议才得以遏制这一攻势。根据这项协议，帝国须向阿勒曼尼人的诸位国王提供丰厚的援款，即各种物质上的馈赠，此协议也同时为众多阿勒曼尼人进入罗马军队服役铺平了道路。罗马人与阿勒曼尼人之间的力量对比直到新任恺撒尤利安领兵征讨后才出现暂时的转机，他于355年被君士坦提乌斯二世擢升为皇帝副手，并委以收复失地的重任，此后，他又受命主要负责统辖高卢地区。当时的帝国急需有人重登恺撒之位，因为从351年起就奉命管辖帝国东部的恺撒盖卢斯显然逾越了君士坦提乌斯二世所准予他的职权范围，于是皇帝便下令将其处死。这一系列事端再次清楚表明，3世纪的危机随时都会卷土重来。这或是因为君士坦提乌斯二世一人无力有效管控帝国全境，又或是因为他连建立

---

① 宾根（Bingen）：全称"莱茵河畔的宾根（Bingen am Rhein）"，德国莱茵兰—普法尔茨州中东部城市，罗马帝国时期通往特里尔的军事要道便始于此地。——译者注

② 科布伦茨（Koblenz）：德国莱茵兰—普法尔茨州北部城市，位于莱茵河和摩泽尔河的交汇处。罗马帝国初期曾在科布伦茨建立要塞与横跨莱茵河和摩泽尔河的桥梁，晚期的君士坦丁皇帝亦曾下令在今天科布伦茨的老城位置建立城防工事，如今该城的老城堡（Alte Burg）便修筑于罗马时代的城墙之上。——译者注

一个多位皇帝同朝共治且可勉强运转的统治体系也无法做到。这将不可避免地导致僭越篡位的发生，比如上文已经提及的军官马尼耶修斯和维特拉尼奥，此外，法兰克人出身的大元帅西尔瓦努斯[①]也与他们同流合污，于355年8月在科隆称帝，但不到一个月就被士兵所杀。君士坦提乌斯二世治下的皇权反复出现的制度性弱点，也突出体现在其统治的终结上。357年，恺撒尤利安在阿根图拉特（Argentorate，今斯特拉斯堡）附近击败阿勒曼尼人，取得意义非凡的大捷，他的部队随即在巴黎拥戴尤利安称帝，这在当时可能是违背尤利安本意的。士兵们之所以拥戴他称帝，是因为此时君士坦提乌斯二世正因东方日益加剧的威胁而火速赶往波斯前线，他也因此下令从高卢召回大量军队，然而士兵们并不愿意移师东方。由于君士坦提乌斯二世丝毫不愿让步妥协，两位奥古斯都便各率大军准备对战，但就在两军交战开始

[①] 西尔瓦努斯（Silvanus）：曾为篡位者马尼耶修斯的属下，在穆尔萨战役前夕转而投靠了君士坦提乌斯二世，最后晋升至大元帅。352年至353年间，君士坦提乌斯二世曾委派他领兵侵入高卢的日耳曼部落，将他们重新驱逐到莱茵河以北。后来，君士坦提乌斯二世因听信西尔瓦努斯政敌的谗言，认为其意欲谋反篡位，便命令西尔瓦努斯从前线返回，而后者因怕遭到清算，便在科隆宣布称帝。——译者注

之前，君士坦提乌斯二世于 361 年 11 月 3 日在奇里乞亚①驾崩。

有"古典时代晚期的塔西佗②"之誉的阿米阿努斯·马尔切利努斯曾著有众多史书，其留存至今的著作所记载的历史起自 353 年，终于 378 年，为我们提供了这一时期翔实的第一手史料与内幕信息。在这位史学家眼中，君士坦提乌斯二世的统治可谓毁誉参半，但总体而言他仍持批判态度（第 21 册，第 16 章）：这位皇帝残酷无情，尤其是他通过提高捐税来压榨帝国各大行省，更是毫无怜悯之心可言；另外，在对这位皇帝而言至关重要的基督教问题上，他所带来的也只是灾祸与日益加剧的争端而已。但无论如何，马尔切利努斯也认为，君士坦提乌斯二世的重要功绩在于他始终如一地坚持贯彻民政与军事的分离，进一步提高了禁卫军长官辖区作为行政区划单位的地位，并对增设新的官职持保留

---

① 奇里乞亚（Kilikien）：古代地名和罗马帝国行省，指小亚细亚东南部地区，大致为今天土耳其的梅尔辛省、阿达纳省和奥斯曼尼耶省。——译者注

② 普布利乌斯·科尔奈利乌斯·塔西佗（Publius Cornelius Tacitus，约 55— 约 120）：罗马帝国执政官、雄辩家、元老院元老和著名历史学家，著有《历史》（*Historiae*）、《编年史》（*Annales*）等史学巨作。——译者注

克制的态度。

值得注意的是，如果将这位古典时代晚期史学家的分析与其他史料——特别是汇编于《狄奥多西法典》[①]之中的君士坦提乌斯二世时期的各项法令——互相参证的话，那么我们便会发现马尔切利努斯的评价是相当精准的。帝国分区管辖的趋势日益显著，这体现在当时对禁卫军长官辖区与大元帅指挥辖区不断强化的规定上。与税收压力加剧尤为相关的因素包括：异族不断入侵帝国，并由此造成了向异族输贡的增加，同时各项重建工程也需资金支持。帝国的各个城市可能也受到了殃及，因为除了上述因素之外，正是在这些城市中，由君士坦提乌斯二世所强力推进的消除异教的政策导致了民众的抵制与反抗。献祭被禁止，神庙遭到毁坏，近乎内

---

① 《狄奥多西法典》(*Codex Theodosianus*)：古典时代晚期的一部法律汇编集，由东罗马帝国皇帝狄奥多西二世（401—450，408—450 在位）与西罗马帝国皇帝瓦伦丁尼安三世（419—455，425—455 在位）共同委托编纂，以收集自 312 年起的各项法律条令汇编成册。法典的编纂耗时八年，于 438 年最终完成，共计 16 册。尽管罗马帝国在 395 年正式分裂，但法典的条文却依旧适用于帝国全境，由此可知，在当时人看来，帝国的分裂更多的只是两位皇帝分工管辖而已，并非意味着帝国成了两个主权完全独立的国家。476 年，西罗马帝国灭亡后，法典依然被西哥特人所沿用，并成了日后众多日耳曼王国法典的基础。——译者注

战的动荡时常升级形成两极对抗，这一切都严重破坏了城市生活。另外，当地的精英阶层也被卷入这些纷争动乱之中，遭受重创，而他们作为城市议会①的议员对于地方基层政权的存续而言显得尤为重要。直到357年君士坦提乌斯二世造访罗马，这位皇帝在罗马的所见所闻才使他对自己激进好战的反异教政策有所收敛，而正是阿米阿努斯·马尔切利努斯（第16册，第10章，第1节—第17节）不厌其详地将皇帝这次造访的细节一一记录了下来。

在古典时代晚期，皇帝行在的变动日益频繁，因此即便是历史悠久而备受景仰的罗马城也少有皇帝驾临。但既然罗马帝国因此城得名，罗马又是帝国理想的中心，并且作为社会文化的荟萃之地，也只有这座城市才能展现罗马人之所以为罗马人的真正身份（romanitas），因此，罗马城依旧位列帝国诸城之首，尤其是城内众多举

---

① 城市议会（Stadtrat/Kuriale，拉丁语：ordo decurionum）：罗马帝国境内每座城市所设立的独立议事机构，负责城市管理的各项事宜，涵盖了司法、财政、建设、食物供应和公共秩序等内容。城市议会的成员并非由皇帝任命，而是通过当地的人民大会选举产生，被选举人须为自由的罗马公民，拥有必要的资产，且其家族须有良好的声望，因而城市议会往往由当地的精英阶层组成。——译者注

世闻名、恢宏壮丽的建筑更进一步巩固了其无可动摇的地位。357 年，当君士坦提乌斯二世在其登基二十周年之际驾临罗马时，历史的深厚伟力及罗马城深受异教传统熏陶的无与伦比的往昔气象，即便是这位皇帝也无法对此视而不见。心向罗马的阿米阿努斯·马尔切利努斯尽兴地描述了这位故作虔诚、举止僵硬的皇帝，在见到所有这些崇高伟大的大理石建筑时瞠目结舌、惊叹不已的情景。最后，君士坦提乌斯二世甚至出资为马克西穆斯竞技场①捐建了一座方尖碑（今被置于拉特朗圣若望大殿②之前），并仅在其造访罗马数周之后就重新恢复了被其父亲君士坦丁一世所取缔的角斗士表演。尽管如此，罗马城内却早已布满了由诸位先帝所捐赠的具有全然不同意义的建筑物，而君士坦提乌斯二世自然也已无法在这座城市里留下属于自己的烙印。与此相对的是，这位

---

① 马克西穆斯竞技场（Circus Maximus）：古罗马规模最大的竞技场，坐落于罗马城阿文提诺山与帕拉蒂尼山之间，长 600 米，宽 140 米。公元前 6 世纪已具雏形，后历经扩建，至奥古斯都时期可容纳 15 万人。奥古斯都还从埃及运来方尖碑，立于竞技场中央。——译者注

② 拉特朗圣若望大殿：天主教罗马总教区的主教座堂，罗马大主教（即教皇）的正式驻地，在罗马四座特级宗座圣殿中居于首位，始建于 4 世纪君士坦丁大帝统治时期。——译者注

皇帝在"第二罗马"所留下的印记要深刻许多，这便是他父亲所创建的城市——君士坦丁堡。因为正是君士坦提乌斯二世通过一系列至关重要的措施才让"第二罗马"在成为"新罗马"的道路上大大前进了一步。这一点在行政管理层面体现在，君士坦提乌斯二世效仿罗马城，在君士坦丁堡设立城市级别的行政专区，并且和罗马一样任命一名城市长官①来负责管理君士坦丁堡。此外，这位皇帝还使君士坦丁堡元老院的成员拥有与罗马元老院同等的头衔与职权。在城市风貌上，君士坦提乌斯二世为了充分凸显君士坦丁堡的特殊地位，也在这座城市建造了众多世俗建筑（一座公共温泉浴场）与基督教建筑（可能是圣索菲亚大教堂的前身），他最为关注的则是君士坦丁一世所建的圣使徒教堂，因为该教堂在当时急需圣髑作为供奉之物，这对教堂的声望而言极为重要。

---

① 城市长官（praefectus urbi）：该官职专设于罗马城，在罗马王政时期和共和国早期，当国王或两位执政官领兵在外之时，便由城市长官负责首都及周边地区的行政管理，其任期最长为一年。在公元前4世纪前半叶，城市长官改为常设，负责罗马城的主要事宜，以减轻执政官的工作负担，但该职位日后逐渐废弃。奥古斯都皇帝重新设立了城市长官一职，并指定元老院成员担任，以负责应对日益繁杂的首都管理事务。罗马帝国晚期，兼任元老院首席元老的城市长官成为地位仅次于禁卫军长官的显赫官职。——译者注

于是，君士坦提乌斯二世便设法寻得几位圣人的遗骨（其中包括提摩太[①]、《福音书》作者路加[②]和使徒圣安德烈[③]）。接着，他又专门为其父亲建造了一座陵墓，原先安置于圣使徒教堂内的君士坦丁一世的棺椁被迁移至新的陵墓内。君士坦提乌斯二世为大力提升君士坦丁堡的地位所采取的这一系列措施，既是有意为之，也是经过深思熟虑的，这一点从由他下令铸造的钱币上便可得知。因为这一时期，在由君士坦提乌斯二世下令铸造的钱币上，将罗马城与君士坦丁堡的拟人神化之形象并列而置，而钱币上的铭文也表明这两座城市均为帝国荣光（gloria）的象征。几乎同时问世的一帧钱币图案也展现了君士坦丁之城正襟危坐的神化形象，钱币的边缘铸有"罗马之荣光（Gloria Romanorum）"的文字，这显示君士坦丁堡不仅代表着帝国的东部，而且象征着所有罗马

---

① 提摩太（Timotheos，？—约97）：使徒保罗的同工，常年与其同行传教，后被认为是以弗所的首任主教。"提摩太"一名在希腊语中意为"敬畏上帝"。——译者注

② 路加（Lukas，？—约84）：使徒保罗传道的同工，《新约圣经》中《路加福音》和《使徒行传》的作者。——译者注

③ 圣安德烈（Andreas，前6—60）：耶稣的十二使徒之一，使徒彼得的弟弟，同时也是耶稣的首位门徒，于罗马皇帝尼禄统治时期在希腊帕特雷被钉上X型十字架殉道而死，而这种X型十字架也被后世称为圣安德烈十字。——译者注

人的光辉荣耀。

君士坦斯乌斯二世的统治对君士坦丁堡而言显然意味着巨大的进步，但对整个帝国来说它所标志的却是倒退。在帝国内部，篡位迭起、皇帝统治的瓦解亦不可忽视，而在帝国的边境上，以所谓的欧洲民族大迁徙为标志的那段动荡不安的时代即将来临。自 361 年 12 月起，尤利安成了帝国唯一的奥古斯都。在他眼中，倒退与衰亡并非自君士坦提乌斯二世才开始，而是在君士坦丁大帝的时代就已发端。因为他认为，背弃古代诸神的行为导致了这场灾难性的巨变，而他毅然决定尽其全力终结这一变迁。

第五章

尤利安（361—363）：全线溃败

在基督教传统中被称为"背教者（Apostata）"的尤利安，是君士坦丁王朝的最后一位皇帝，在337年的血腥屠戮和354年盖卢斯遭到处死之后，他成了皇位及君士坦提乌斯二世继承者的人选。他于331年或332年出生于君士坦丁堡，其父为君士坦丁大帝的同父异母弟弟尤里乌斯·君士坦提乌斯①，由此，尤利安便成了皇室一员。在君士坦提乌斯二世的命令下，尤利安直至

---

① 尤里乌斯·君士坦提乌斯（Iulius Constantius，约289—337）：君士坦提乌斯一世和弗拉维娅·马克西米安娜·狄奥多拉之子，曾于335年担任执政官。337年君士坦丁一世驾崩之后，尤里乌斯·君士坦提乌斯在随之到来的对皇族血脉的大清洗中被杀。——译者注

351 年前后所接受的都是基督教阿里乌教派的教育。之后，他又在君士坦丁堡主修哲学和修辞学。正是在此期间，他结识了信奉异教的雄辩家里班尼乌斯①。从尤利安晚期大部分得以保存至今的书信中，我们得知他改信异教大约是在他开始研习哲学的时候，因为他在 362 年与 363 年之交给亚历山大城（基督徒）市民写了一封信，他在这封信中将自己标榜为楷模："即便我的言说不足以让你们信服，但如若你们愿跟随我的领导，那么就让自己重归真理吧。与你们一样，我到人生的第二十个年岁都一直在追随着那条信仰之路，但如今承蒙仁慈的诸神相助，我已在这条信仰之路上走过了第十二个年头。如若你们愿跟随我，将不会错失正途"[《尤利安书信

① 里班尼乌斯（Libanius，314—393）：古典时代晚期最伟大的雄辩家，生于安条克，并受教于当时最著名的安条克雄辩家乌尔皮埃努斯（Ulpianus）。340 年至 341 年间，里班尼乌斯在君士坦丁堡创建了自己的学院，之后因该城的学派纷争而于 342 年至 343 年间迁往尼科米底亚，五年后他又重新回到君士坦丁堡，并在该城教书直到 353 年或 354 年，之后便重归故里。在尤利安东征波斯驻跸安条克期间，里班尼乌斯和皇帝关系密切，而尤利安后来的英年早逝也对里班尼乌斯打击甚重。在后来瓦伦斯皇帝对异教徒的迫害运动中，里班尼乌斯凭借官廷的内部关系得以幸免，但从此不再授课，深居简出。瓦伦斯死于哈德良堡战役之后，里班尼乌斯又重新恢复了从前的声望。——译者注

集》，书信编号：111，约瑟夫·彼戴（Joseph Bidez）编]。因此，尤利安在 351 年或 352 年便洗心革面，由基督之道改宗传统的诸神之道。然而，对于自身内心信仰的转变，尤利安始终秘而不宣（尤其对信奉阿里乌教派的皇帝君士坦提乌斯二世更是如此），因为直到君士坦提乌斯二世驾崩之后，他才将自己的异教信仰公之于众。在古典时代晚期，每一位皇帝对于宗教的态度都会轰动政坛，这一点在此处便已有了体现。至于尤利安长年对此缄默不言，则再一次证明，通过统治者执政期间的作为，我们所能获知的有关其内心宗教信仰的信息其实十分有限（意识到这一点，对于了解 312 年前君士坦丁一世的早期统治尤为重要）。至少对尚居恺撒之位的尤利安而言，政治考量与目标理性要高于对宗教无条件的笃信，及至尤利安自立为帝，这位新君才算正式成为"背教者"，此时距离他背弃基督教其实早就已有数年之久了。

自 355 年 11 月 6 日起，升为恺撒的尤利安在高卢击退了法兰克人和阿勒曼尼人之后，便专注于修缮基础设施，巩固边防屏障。此外，他似乎还力图大刀阔斧地推进正直清明的行省管理，并尤为着力于恢复与强化市政管理。在尤利安登基称帝之后，他便在帝国全境推行这些政策，然而反对基督信仰、归复传统诸神的彻底变革很快就显得与现实格格不入、难以调和。

361 年 11 月 3 日，尤利安成了帝国唯一的奥古斯都，这对他而言不仅意味着从此能够实现自己的政治抱负，甚至意味着他得以从错误信仰的枷锁中获得解脱。除此之外，他还认为这是诸神借此赐予他的一项使命，让他将世界重新归复到他所认为的正途上来。在尤利安一封相当私人的书信中，他坦承自己曾承受了巨大的心理压力，而这封信可能就是他在获悉君士坦提乌斯二世的死讯之后立即写下的。尤利安最常祈求的神祇便是赫利俄斯[①][《尤利安书信集》书信编号：28，约瑟夫·彼戴（Joseph Bidez）编]。在先前已经引用过的尤利安致亚历山大城市民的书信中，他更为明确突出地宣布他所信奉的就是太阳神赫利俄斯（在罗马神话中被称之为太阳神索尔）："你们是唯一无法感知赫利俄斯普照世间之光芒的人吗？你们是唯一对赫利俄斯掌控冬夏轮回一无所知的人吗？你们是唯一对赫利俄斯创造万物众生、推动万物运行未曾有所耳闻的人吗？"[《尤利安书信集》，

---

① 赫利俄斯（Helios）：古希腊神话中属于泰坦神系的太阳神，其父为泰坦巨人许珀里翁，其母为泰坦女神忒亚。赫利俄斯每日都会驾着四马金车自东向西穿越天穹，他的姐姐黎明女神厄俄斯在他之前，他的妹妹月神塞勒涅则紧随其后。——译者注

书信编号：111，约瑟夫·彼戴（Joseph Bidez）编] 当年的君士坦丁是经由战无不胜的太阳神索尔引导，从而寻得了通向光芒普照世间、指引黑暗迷途的基督教上帝的道路，而现在的尤利安则是在"光明普照之路"上反其道而行之：并不是"你们与你们的父辈所未曾亲见的耶稣"，而是"自时间之肇始全体人类就亲眼所见、所感知、所崇奉的"（引文出处同上）赫利俄斯在以光赐予世间真实的力量与存在。

正是在这种近乎过为已甚的使命感中，失败已经开始萌芽——政治和社会重要领域的改革已经推行了数十年之久，由此产生的持久影响又怎么可能在如此之短的时间内彻底消弭乃至废除呢？此外，在恢复帝国的元气上，尤利安也显得力不从心，因为罗马人毕竟正处于对波斯人的战争之中，当年君士坦提乌斯二世正是因为尤利安称帝而罢兵回师，从而未能继续进行对波斯的战争。尽管如此，尤利安还是不得不在行军途中和大军营帐内以奥古斯都的名义颁布各项改革措施，其中涉及众多改革法令，只需浏览一下帝王出行录中的记载便可得知：361 年 12 月 11 日，尤利安在夹道欢迎中抵达君士坦丁堡，并在那里负责为君士坦提乌斯二世举行适宜得体的葬礼。尤利安下令将君士坦提乌斯二世追尊为神，这一做法乃尤利安遵循传统而刻意为之，但绝非死者的本意。次年5月，他离开君士坦丁堡前往安条克①，为战争作最后的准备。自362年夏天到363年3月，尤利安一直停留在安条克。在那里，他卷入了城市内部的纷争之中，直到363年3月才得以脱身并最终启程前往波斯。6月26日，尤利安在波斯负伤驾崩。

总体而言，在尤利安独掌君权的前四个月中，他从君士坦丁堡发出了一系列政令，试图开启全面改革。若就尤利安力图复兴城市这一点而言，阿米阿努斯·马尔切利努斯对此是大为赞扬的，他称颂这项政策是皇帝高尚慷慨（liberalitas）、泽被黎民之举（第25册，第4章，第15节）："为了恢复城市的繁荣，他仅要求进献少量的贡物，且放弃了征收金冠税②，又免除了经年累

---

① 安条克（Antiochia）：又译"安提阿"，于公元前4世纪末由亚历山大大帝的将领塞琉古一世所建立，罗马共和国时期成为叙利亚行省的首府，罗马帝国时期人口增至50万，成为继罗马、亚历山大城、迦太基之后帝国最为重要的城市之一。在罗马帝国与安息及后来的波斯萨珊王朝的战争中，曾有多位罗马皇帝驻跸此城，比如维鲁斯、马可·奥勒留、塞普蒂米乌斯·塞维鲁、卡拉卡拉、亚历山大·塞维鲁、瓦勒良等，因此安条克在这些时期也可称为帝国的临时都城。——译者注

② 金冠税（Kranzgold，拉丁语：Aurum coronarium）：在古希腊时期，人们通过敬献冠冕的仪式来向君主致以敬意，金冠税

积而成的各项苛捐杂税，此外还调解了商人与国库之间的争端。他将原本归属城市的收入与地产重新退还给城市，例外的只有诸位先帝已经依照法律所出售的部分。"马尔切利努斯的这一评价是完全有真凭实据的，因为留存至今的由尤利安所颁行的法令确实记载了免除税收的措施。但尤利安并没有放弃由城市议员定期上缴的金冠税，根据现存的法律文本（《狄奥多西法典》，第 12 卷，第 13 章，第 1 款），他坚持自己在需要之时有权动用此项财政收入。这些都清楚表明，一方面，尤利安对复兴他所尤为看重的传统希腊城邦文化深信不疑；另一方面，他也丝毫未曾忽视中央政权的利益所在，因为只有高效有力的城市议会才有能力承担起为公众谋取福祉的使命。最后，我们在考察尤利安针对城市所实行的各项政策时，还须始终关注其宗教与文化政策，因为宗教文化政策构成了城市政策的重要背景，而阿米阿努斯·马尔

便是由此而来。在罗马帝国奥古斯都皇帝时期，各城市和行省的代表团都要向皇帝进献镀金的冠冕，但当时奥古斯都只接受行省的敬献，免除了拥有罗马公民权的各大城市的敬献。之后的帝王，比如提比略、提图斯、安敦宁·毕尤、马可·奥勒留等，要么完全免除了这一源自古希腊崇拜君主仪式的税种，要么就对意大利本土实行免税，又或者降低了各个行省需要上缴的额度。在塞维鲁王朝（193—235）时期，金冠税又重新开始增加。——译者注

切利努斯在赞颂皇帝为城市之友（philopolis）的同时却对这一方面只字不提。其实，所归还给城市的地产大多都曾经为神庙所有，这些地产被尤利安之前信奉基督教的诸位皇帝所没收。类似的情形也适用于尤利安在工程建设上的举措，他尤其着力于修复和新建各大神庙，以用来敬奉传统诸神。

尤利安力图恢复传统多神崇拜的这一政策在另一面就意味着各项反对基督教的措施。尽管他未敢如戴克里先那样重新发动对基督徒有计划的大迫害运动，但他却通过制定法律条文来试图达到削弱基督教教会和神职人员的目的。比如，他一度要求基督徒须为他们所获得的各项特权交税（例如使用国家运输服务的权利），而且还再度取消了神职人员的免税之权。此外，这位皇帝还禁止新建基督教教堂，并威胁基督徒要收回他们立教的实体基础，因为当尤利安隆重宣布要复兴传统诸神崇拜之时，这一政策就必然预示着将来会大规模地要求基督徒归还原属神庙的地产。尽管尤利安可能放弃了对基督徒进行不断打压遏制的政策——他甚至放开了基督教追随者在民政机构和军队中的晋升途径，但是总体而言，他的政策造成了一种充满对抗与分歧的社会氛围，而这种氛围激起了狂热的异教信众和基督徒之间充满火药味的冲突,这些冲突更是经常升级为各种暴力骚乱。因此,仁慈宽容甚至助长基督教内部的紧张矛盾,便成了尤利安政策的基本组成部分,而阿米阿努斯·马尔切利努斯对此也毫不讳言地予以承认(第22册,第5章,第2节—第4节):"他抱定明确而彻底的决心下令开放各大神庙,举行牲畜献祭仪式,并重新恢复了对诸神的崇拜。为了进一步强化其措施之效果,尤利安还在宫廷中接见了各执一词的基督教主教及同样莫衷一是的教区信徒,并和善地规劝他们停止纷争。人人都可以遵从与敬奉自己的信仰,不应遭到禁止,也不应受到恐吓。尤利安尤为强调这一点,其目的正是要通过突出信仰之自由来扩大宗教立场的分歧,这样一来,他便可省去日后对民众齐心一致的后顾之忧了。"

当时的社会氛围所遭荼毒之甚,尤利安在叙利亚安条克拖宕停留期间所发生的一系列事件便可作为明证。当这位异教皇帝抵达这座早已皈依基督教的城市时,他起初受到了普遍的热烈欢迎,但这种热烈的情绪后来骤然变成了诧异疏离,乃至最后的尖刻嘲讽与公然抗拒,不论是异教信众还是基督教徒都是如此。这是因为这座叙利亚都会的居民所见识到的尤利安并不像一位皇帝,更多的是一位因信仰而犯下罪孽的哲人,如此这般形象自然与皇帝的身份不相称。尤利安没有遵循与名义上天下共主之身份相适宜的惯常帝王之礼，而是在经过精心策划后以禁欲者的怪诞形象粉墨登场，但这却给公众留下了充满道德说教与夸夸其谈的印象。尽管尤利安意欲塑造亲民形象的努力近乎让人感动，但他却公然未能尽到与其身份和地位相符的职责——由此导致的后果便是双方的误解、中伤与敌对。对此尤利安也做出了回应，他针对安条克民众写了一篇题为《胡须之敌》①的著名论战文章。因为实际上，当时民众所反感的与其说是尤利安的具体措施，还不如说是他出现在公众场合的形象。尤利安有意蓄须，他所呈现出来的浓须哲人的面貌正是公众所厌恶的，所以就这点而言，他撰文回应的举动还是合乎当时情势的。然而，当时安条克在经济和社会上的问题也进一步加剧了皇帝与民众之间的不和。那个时候，整座城市正陷于一场旷日持久的食物供应危机之中，而地主乘机囤积粮食、哄抬物价，再加上尤利安在此地召集征伐波斯的大军，士兵们也饥肠辘辘，这一切更使

---

① 《胡须之敌》(*Misopogon*)：罗马皇帝尤利安在363年1月中旬至2月中旬用希腊语所写的一篇讽刺文章，以回应363年新年庆典上嘲讽他的诗文。这篇文章大致由互相交织的两个部分组成，一部分是尤利安的自嘲；另一部分则表达了尤利安对安条克民众的不满，以及对后者道德沦丧的谴责。——译者注

安条克的饥荒雪上加霜。其实，这一状况在很大程度上并非是尤利安所造成，但这位皇帝完全没有妥善处理这一问题。最后，祸不单行的是，位于安条克附近的达夫纳（Daphne）的一座著名阿波罗神庙失火被毁。于是尤利安下令关闭了安条克城的基督教教堂，因为他认为是基督徒纵火烧毁了神庙，尽管这一说法并无真凭实据。

在安条克期间，尤利安在很大程度上对时局作了错误的判断，这和他复辟旧教的热忱一起，促使他颁布了可能是他在位期间最为知名的政策，即所谓的雄辩家敕令（Rhetorenedikt，《狄奥多西法典》，第 13 卷，第 3 章，第 5 款）。这项公布于 362 年 6 月的敕令规定，"学识渊博之士与长于雄辩之士"须取得城市议会的执教许可，而这一许可须再向皇帝呈报以进行最后的核验。尤利安在一封附函 [《尤利安书信集》，书信编号：61c，约瑟夫·彼戴（Joseph Bidez）编] 中才清楚地表明了这项法令明显的反基督教意图及他本人的动机，因为这位皇帝要求教师和教学内容须在宗教信仰上保持一致，用他的话来说就是，荷马、希罗多德、修昔底德及许多其他人的经典著作不能由反对传统诸神的人来教授和阐释："如果对这些经典进行解释的人却拒绝敬奉这些经典作者本人所崇信的古代诸神，那么我认为这便是荒唐透顶的。"

这一敕令在与尤利安同时代的人中已经产生了巨大的反响。基督徒理所当然是反对最为激烈的，然而甚至连异教信众乃至众所周知对尤利安颇为同情的阿米阿努斯·马尔切利努斯，也对这项极其过分的举措毫不吝惜批评之辞。值得一提的是，附函的行文其实始终都非常客观中肯，尽管如此，皇帝本人极深的宗教热情依然是不容置疑的，在这一点上，尤利安并没有对现实做出合适的估计。他曾在其《胡须之敌》一文中引用荷马与柏拉图，并将他们作为表率，在施政过程中也遵循他们的教诲，但是古典时代晚期的帝国皇权所需要的却是其他支持，而非柏拉图所认为的一个理想公民应具备的枢德[①]。当尤利安于363年3月离开安条克，准备继续与波斯人作战之时，竟没有一个安条克人对其表示不舍与怀念。短短几个月后皇帝驾崩的讯息不胫而走之时，整个安条克城都为之欣喜若狂。尽管尤利安的英年早逝使得他复辟旧教的宏图大业未竟全功，但是他的改革却并非因为推行时间过短而归于失败，更多的是因为他的欲求过为已甚。

---

① 枢德（Kardinaltugend）：自古典时代起人们对一系列基本美德的称呼。柏拉图在他的对话录《理想国》和《法律篇》中将勇敢、正义、节制、智慧作为四大美德。——译者注

第六章

瓦伦提尼安一世与瓦伦斯
（364—378）：过渡与入侵

尤利安的意外死亡令举国上下手足无措。对波斯的再度开战原本颇有胜算，但尤利安在泰西封①城下的战斗中获胜之后，他却放弃了对这座城市的进一步围攻。随着尤利安的驾崩，对波斯的征伐只能等待新皇帝来统领，而当时帝国既无共治皇帝，也无假定的皇位继承人。他这位年轻皇帝所奉行的极端政策，更是造成了帝国全

---

① 泰西封（Ktesiphon）：古代美索不达米亚的著名城市，位于如今巴格达东南方 35 公里处的底格里斯河河畔，曾为安息帝国和波斯萨珊王朝的都城，后于 7 世纪被阿拉伯人征服，762年巴格达城建立后，泰西封迅速衰落。——译者注

境的动荡不安。在这种情形下，只能选择年长和思虑周全的人来继承皇位了。第一位皇位候选人是信奉异教的禁卫军长官辖区首长、尤利安的好友萨鲁斯特①。对于这位候选人，军队在尤利安驾崩当日尚能一致拥戴，但萨鲁斯特以其年事已高为由谢绝了。接着，第二个皇位候选人的机会便落到了一位更加年轻的基督徒约维安（Jovian）身上，而他表示接受。约维安在军中表现平平，其父曾为皇家卫队统领，倒是颇有声望，除此之外，约维安并没有太多的功绩和资历。早在约维安初登大位之时，一切似乎都显示他至多也就是充当过渡角色而已（阿米阿努斯·马尔切利努斯，第 25 册，第 5 章，第 5 节—第 6 节）："他在一阵仓促中黄袍加身，又在出人意料中

---

① 萨图尼尼乌斯·色昆都斯·萨鲁斯特（Saturninius Secundus Salutius）：罗马帝国晚期的高级官员，出身于高卢，受过良好教育，通晓希腊文学与哲学。本人信奉异教，但基督徒也称赞其公允持正、毫无成见。当尤利安作为恺撒执掌高卢之时，萨鲁斯特曾为其重要顾问和得力助手。359 年，君士坦提乌斯二世可能是为了削弱尤利安的实力，曾将萨鲁斯特召回君士坦丁堡。但君士坦提乌斯二世驾崩后，萨鲁斯特再次成为尤利安倚重的亲信大臣，后者还曾将其所写的《太阳神赞诗》献给萨鲁斯特。361 年，尤利安任命萨鲁斯特为帝国东部禁卫军长官辖区首长。尤利安的继任约维安皇帝去世后，萨鲁斯特曾为瓦伦提尼安一世效力，并在瓦伦斯手下再度担任禁卫军长官辖区首长。——译者注

被引出营帐，接着他便匆忙地沿着正准备开拔的队列行进。因为大军首尾绵延四里①有余，所以当士兵听到队伍前面有些人高呼'约维安皇帝'时，便也一同跟着大声高喊起来。但由于约维安和尤利安这两个名字极为相近，在拼写上仅有一个字母之差②，因此士兵们陷入了迷惘之中，还以为尤利安已经康复，所以才会跟往常一样向他山呼万岁。然而，当约维安躬身修长的身影走近众人时，士兵们才猜到发生了何事，于是所有人都泣不成声，哀恸不已。"约维安认为当时最要紧的并不是继续向波斯进攻，而是要尽一切可能将大军安全地撤回罗马帝国境内，考虑到当时军队士气明显持续低迷的状况，这一决定也并无令人惊讶之处。因此，约维安甘愿接受波斯提出的和议请求，这项和约规定，双方停战三十年，同时罗马须撤出美索不达米亚地区，其中也包括放弃尼西比斯③这座重要的城市。罗马民众曾在长达数百年不

---

① 罗马时代的 1 里为今天的 1482 米。——译者注

② 阿米阿努斯·马尔切利努斯在此处的记载不够准确，事实上尤利安（Iulianus）和约维安（Iovianus）的拉丁语名字相差两个字母。——译者注

③ 尼西比斯（Nisibis）：今土耳其城市努赛宾。2 世纪末，塞普蒂米乌斯·塞维鲁皇帝（145—211，193—211 在位）发动对安息帝国的战争，将尼西比斯纳入罗马帝国版图。尼西比斯因其

遗余力的宣传攻势中，被灌输了罗马军队所向披靡、战无不胜的神话，但在这项和约中，罗马须放弃对亚美尼亚的控制，因此在民众眼中，签订这项和约实乃屈辱之举。曾见证和约签订的阿米阿努斯·马尔切利努斯哀叹道："我们宁愿与敌人再战三百回合，也不愿放弃一分一厘，然而谄媚之徒却对胆怯的皇帝步步紧逼，促其签约"（第 25 册，第 7 章，第 10 节）。至于当时补给严重匮乏的大军是否有能力以较大的胜算继续对波斯的战争，甚至取得胜利，这一点似乎颇有争议，尽管如此，针对约维安的负面评论却是众口一词，并无丝毫改变。与对外政策的转向相比，更为突出的乃是这位基督徒皇帝在对内政策上的拨乱反正。约维安废除了尤利安的各项宗教政策，即便是信奉基督的修辞学教师也可立即重操旧业，与此相对的是异教再度遭到各种限制打压。然而，约维安却在 364 年 2 月 17 日自然死亡——这对罗马帝国晚期的皇帝而言却绝非常态。于是惯常的程序再度启动：军队领导层开会商讨合适的（一直以来也意味

地理位置及在经济和军事上的重要意义，成了罗马帝国和后来取代安息帝国的波斯萨珊王朝之间激烈争夺的城市，在历史上几番易主。298 年，伽列里乌斯战胜了波斯国王纳塞赫，两国协议确认美索不达米亚北部归罗马帝国所有，其中也包括尼西比斯。——译者注

着须为军队所接受的）皇位继承人选。最后的选举结果使皇冠再度落到一位士兵头上，而这位士兵又一次来自巴尔干地区，他便是曾任皇家卫队长官的瓦伦提尼安一世。一个月之后（364年3月28日），在士兵的策动下，他在君士坦丁堡任命其弟瓦伦斯为奥古斯都，以作为他的同朝共治皇帝。

关于瓦伦提尼安一世与瓦伦斯统治时期的历史，阿米阿努斯·马尔切利努斯的记载是最为重要的。根据他的记载，364年夏天，两位皇帝在亲厚和睦的氛围中（concordissimi principes）就军队、朝臣与统治区域的划分达成一致（第26册，第5章，第1节—第4节），未来米兰、特里尔（瓦伦提尼安一世）及君士坦丁堡（瓦伦斯）将成为皇帝驻跸的都城。如果回溯念及日后东西罗马帝国在事实上的分裂的话，人们也许会认为此时两位皇帝的东西分治很可能是一个重要的转折点，而这也进一步导致了帝国的分裂，从长远的角度看甚至将帝国引向了解体崩溃。但这种看法与当时的实际情况并不相符，因为军队诸将已从君士坦提乌斯二世和尤利安的嫌隙冲突中吸取教训，认为只有在战术战略上将治国重任平分于多人肩上，并与之相应地对资源进行集中整合，方足以应对当时的各项挑战。瓦伦提尼安一世和瓦伦斯一直坚持帝国在法理上的统一，以二人的名义共同颁布各项法令、铸造发行钱币。对于精诚合作，两位皇帝都是心有余而力不足，因为外患的加剧将他们大大牵制在各自统治区域的边境上，而这所谓的外患自人文主义兴起之后便在学术研究中被冠以"民族大迁徙（migratio gentium）"这一略带晦气的名称。外族迁移及由此而来的对帝国的入侵早在 2 世纪，尤其是在 3 世纪就已经频繁出现，但是到 4 世纪后半叶，这一民族迁移运动出现了新的变化，因为正是在此时，原为蒙古游牧民族的匈人①大举西迁，对阿兰人②、萨尔马提亚人、东哥特人

---

① 匈人（Hunnen）：中亚地区多个游牧部落的总称，其族群来源至今尚存争议。有学者认为，匈人即为中国古代的匈奴人，主要依据是北匈奴西迁和三百年后在欧洲出现的匈人在时间上吻合；但反对者认为，匈人的体貌特征与中国文献中的匈奴人存在很大差异，且两者在宗教祭祀、文化水平、等级制度等诸多方面也差别甚大。如果认为匈人即为匈奴人的话，那么就意味着匈奴人在长达三百年的西迁途中在各个方面都发生了巨大的变化，而这一可能性尚待检验。据罗马帝国晚期的史书记载，匈人在 4 世纪中期居住于顿河与伏尔加河之间，并不断向西迁移。大约在 374 年，匈人击败了由阿兰人建立于伏尔加河流域和高加索地区的王国，并与之结盟。375 年，匈人在今乌克兰灭亡了属哥特人一支的格鲁森尼人所建立的国家。——译者注

② 阿兰人（Alanen）：在中国古书中又称"奄蔡人"，中亚印欧语系伊朗部族，为萨尔马提亚人在东方的一支。自公元前 2 世

和西哥特人造成了巨大的压力，他们中的一部分受武力胁迫加入匈人的军队之中，另一部分则被驱赶到罗马帝国北境的长城①（尤其是多瑙河流域），在此处他们请求得到帝国的收留。几乎与此同时，在帝国的西部，日耳曼人的入侵也愈演愈烈，瓦伦提尼安一世在365年至375年间成功抵挡了阿勒曼尼人、法兰克人和勃艮第

纪起，阿兰人居住在今哈萨克斯坦北部、里海东北方的地区，东与康居为邻，曾向匈奴人称臣纳贡。在匈奴西迁的迫使下，一部分阿兰人迁入今俄罗斯南部，另一部分则臣服于康居。1世纪晚期起，阿兰人也扩展到高加索地区进行游牧，并侵入安息帝国、逼近亚美尼亚和小亚细亚等地区进行劫掠。137年，阿兰人入侵位于今土耳其中部的罗马帝国卡帕多细亚行省，但被该行省总督、著名哲学家与历史学家卢修斯·弗拉维乌斯·阿里安（Lucius Flavius Arrianus，86—146）击退。——译者注

　　① 罗马帝国为了守卫边境、抵御外敌、传递边警及监管人员物资往来，曾于1世纪至6世纪在欧洲、西亚和北非地区陆续建立了以边境长城为主体的军事防御体系，这一体系在拉丁语中被称为"Limes"，原为"小径、林间小路、边境通道"之义。现存最为著名的罗马帝国长城有：起自莱茵河畔波恩附近，终于多瑙河畔雷根斯堡的日耳曼长城（又称"上日耳曼—蕾蒂安长城"，总长约550公里），以及位于英国的安敦宁长城（长约63公里）和哈德良长城（长约117公里）。三处边境长城合称"罗马帝国的边界"，被联合国教科文组织列入世界文化遗产名录。其中，日耳曼长城的修建肇因于9年罗马帝国在条顿堡森林战役中的惨败，自奥古斯都起及至五贤帝时代的诸位皇帝都对这段长城进行了不断地修建与扩展。——译者注

人的进攻，从而大大捍卫了帝国的边境，并通过兴修防御工事巩固了边防。这一切使这位皇帝获得了不少称颂其战功的头衔及作为"最伟大的胜利者与凯旋大帅"[《拉丁语铭文集·第六卷》(*Corpus Inscriptionum Latinarum* VI)，编号：1175=《拉丁语铭文选》(*Inscriptiones Latinae Selectae*)，编号：771] 的委婉尊号，而后者也有铭文为证。370 年 1 月 1 日，罗马帝国晚期信奉异教的元老院贵族代表与著名演说家昆图斯·奥勒留·叙马库斯①（约 340—402 后）（大概在特里尔）向瓦伦提尼安一世敬献了一篇颂词，他甚至胆敢将这位皇帝的功绩置于神话中巨人②一族之前，后者"尽管力大无穷，但外强中干"（《演说集》，编号：2，第 21 章）。根据叙马库斯的观点，这是因为瓦伦提尼安一世成功地对蛮族之地实现统治，他作为帝国"不死的捍卫者"（aeternus

---

① 昆图斯·奥勒留·叙马库斯（Quintus Aurelius Symmachus）：曾任执政官与罗马城市长官，当时的人将他的演说才能与西塞罗相提并论。357 年至 394 年，叙马库斯在"维多利亚女神祭坛之争"中与米兰主教安波罗修针锋相对，坚决反对将胜利女神维多利亚移出罗马元老院议事堂，但最终落败。后来，叙马库斯因卷入一系列政治阴谋与争端而被迫远离政坛。——译者注

② 巨人：希腊神话中的族群，力大无穷，身形魁伟，为天神乌拉诺斯与大地女神盖亚的孩子，曾与奥林波斯诸神爆发战争，欲推翻后者的统治，但最终落败。——译者注

defensor）还建立了一道难以逾越的安全屏障："从莱茵河的源头一直到其各大入海口，沿岸都关隘密布、要塞林立"（《演说集》，编号：2，第27章及其后）。这样的赞颂理所当然充斥了各种溢美之词，但当瓦伦提尼安一世在驾崩时（375年11月17日），将其帝位传给已于367年成为名义上的奥古斯都、当时已年满十六岁的儿子格拉提安时，其本人的政绩总结起来确实没有什么尤为负面之处。因为就是在对内政策上，瓦伦提尼安一世虽未采取任何极端的惊人之举，但成功地实现了平衡各方、安定和平的局面。即便是异教徒阿米阿努斯·马尔切利努斯也向这位基督教皇帝致以他的赞颂和敬意（第30册，第9章，第5节）："毕竟，他在宗教争端中采取了合适的立场，不偏不倚，持守中正，而他的统治也以此闻名。在这方面，他未曾压制任何一方，也从未明令要支持某种宗教崇拜。"尽管瓦伦提尼安一世推动了对异教神庙所属地产财富的没收，但未曾对异教崇拜仪式予以禁止，并且明确宣布承认每个人的宗教信仰自由："人人皆可以自己的方式信仰能感召自身的宗教"（《狄奥多西法典》，第9卷，第16章，第9款）。

与此相比，当瓦伦斯的统治结束之时，人们对他的评价却明显要逊色许多，而这不仅仅是就其宗教政策而言。这是因为，在信仰问题上，瓦伦斯所持立场与君士坦提乌斯二世类似，于是，以（逝世于373年的）亚他那修和迦帕多家教父①（如该撒利亚的巴西略②、尼撒的贵格利③和拿先斯的贵格利④）为代表的基督教正统

---

① 教父（Kirchenväter）：又被称为基督教早期教父，指1世纪至8世纪期间对基督教教义与学说做出重大贡献的基督教作家，其中包括许多著名的神学家、主教等人物。——译者注

② 该撒利亚的巴西略（Basilius von Caesarea，约330—379）：著名的苦修者，曾任该撒利亚主教，与尼撒的贵格利、拿先斯的贵格利并称为迦帕多家教父，并对后两位有重要影响。371年，当推崇阿里乌教派的瓦伦斯皇帝从君士坦丁堡启程前往安条克时，他便决心免去途中所经各城所有主张"三位一体"观点的主教的职位，但巴西略义正词严，毫不畏惧。即便皇帝于372年亲临该撒利亚，他也因巴西略巨大的影响力而对其无可奈何，只得作罢。巴西略一直致力于使教会摆脱阿里乌教派的影响，以实现基督教内部的思想统一，为此，他曾向帝国西部的主教求助，尤其是教皇达玛稣一世（Damasus I.），但因罗马对帝国东部的政事鞭长莫及，并没有得到太多的支持。——译者注

③ 尼撒的贵格利（Gregor von Nyssa，约335—约394）：该撒利亚的巴西略之弟，拿先斯的贵格利的挚友，372年成为尼撒的主教。他参加了381年举行的第一次君士坦丁堡大公会议，坚决维护《尼西亚信经》"三位一体"的观点，抨击了阿里乌教派的主张。尼撒的贵格利所主张的教义形成了基督教和柏拉图思想融合的第一个高潮。——译者注

④ 拿先斯的贵格利（Gregor von Nazianz，约329—390）：曾任萨斯马（Sasima）主教，在雅典求学之时与巴西略结识，并

与阿里乌教派之间原有的冲突又再度上演。与此同时，尽管瓦伦斯对帝国东部崇拜异教的信徒表现出了相对的宽容，但是异教徒和基督徒之间本来就愈演愈烈的冲突依然进一步升级，因为这时双方都开始清算彼此间的仇恨，而积怨的主要起因是尤利安时期复辟异教的政策。埃及再度爆发了血腥冲突，而以弗所的事端则让瓦伦斯的容忍达到了极限。在那里，曾作为尤利安老师和谋士的新柏拉图主义①哲学家马克西穆斯②因预言瓦伦斯皇

结下深厚的友谊。380 年，拿先斯的贵格利在民众的拥护下被任命为君士坦丁堡主教，并对第一次君士坦丁堡大公会议的各项决议产生了重要影响，捍卫了"三位一体"的观点。381 年，贵格利因不胜阴谋诡计之扰，辞去了主教一职，回归故土，隐居著书。——译者注

　　① 新柏拉图主义：由亚历山大城的普罗提诺（Plotinus）所创建的哲学流派，其在柏拉图学说的基础上，融合了亚里士多德学派和斯多葛主义，主张所有存在皆来自一源，即超验的上帝，世界之两极一为"上帝"的神圣之光，一为彻底的黑暗，灵魂受神圣之光的照耀，物质则位于缺乏亮光的黑暗一端。到了罗马帝国晚期，新柏拉图主义成了柏拉图学派硕果仅存的一支，主导了当时的哲学思潮，不论是异教徒还是基督徒皆有人崇尚新柏拉图主义，而该哲学流派也对基督教神学产生了重大影响。——译者注

　　② 以弗所的马克西穆斯（Maximus von Ephesos，约 310—372）：罗马帝国晚期新柏拉图主义哲学家，尤利安皇帝的师友，可能对尤利安由基督教改信异教产生了重要影响。351 年 5 月至352 年 4 月，尤利安曾在以弗所受教于马克西穆斯。355 年，尤利

帝将死无葬身之地而获罪，并于 372 年被处死。如果瓦伦斯在当时能够以更合适的方式对马克西穆斯的预言天赋予以赏识的话，那么他大概就不会命人将其判处死刑，而是会把他擢升为皇帝的首席顾问了，因为这位哲学家的预言虽然让基督教皇帝瓦伦斯深为震怒，但在数年之后却成了不幸的事实：在对哥特人的著名的哈德良堡战役中，瓦伦斯不幸丧生（378 年 8 月 9 日），他的遗体下落不明，所以这位皇帝也无法尊严得体地下葬。

继前文已经提及的日耳曼民族大迁移之后，帝国在哈德良堡的毁灭性失败在罗马人看来是迄今为止最不光彩的事。在匈人的尾随驱赶之下，西哥特人在 376 年夏天占领了"多瑙河沿岸，并派出使者与瓦伦斯谈判，以谦恭的姿态恳求帝国接纳。他们还保证将在罗马帝国境内和平地生活，并愿意在需要的时候为帝国提供后备部队"（阿米阿努斯·马尔切利努斯，第 31 册，第 4 章，

安被擢升为恺撒前往高卢之后，他与依然留在以弗所的马克西穆斯一直保持着书信往来。361 年尤利安登上帝位后，马克西穆斯受邀来到君士坦丁堡辅佐皇帝，并在后来征伐波斯的路途中一直相随。尤利安的继任约维安虽然信奉基督教，但依然对马克西穆斯颇为善待。约维安死后，马克西穆斯因遭政敌多方迫害而数次获罪，处境困窘，后得一位信奉异教的亚细亚行省资深执政官相助才重获自由。——译者注

第 1 节）。此时，驻跸于叙利亚安条克的瓦伦斯皇帝准予这一请求，其中的理由显而易见，因为他希望借此将有作战经验的士兵编入日耳曼人本就占有很大比重的罗马军队之中，此外，并无多少吸引力的帝国边陲在异族定居之后也可增加耕地面积，从而充实国家税收。然而，令皇帝始料未及的是，此例一开，犹如大堤决口，一泻千里之势不可阻挡，因为之后成群结队蜂拥而至的便不再只是西哥特人，还有大批东哥特人，而这一切在短时间之内注定会造成供应紧张，以及移民与色雷斯行省的罗马原住民之间的摩擦。在一次暴力冲突之后，局势进一步升级，哥特人自此开始在色雷斯肆虐横行，如入无人之境，但凡他们所到之处，均被洗劫一空。这其中的缘由首先在于，名义上归属罗马帝国正规军的日耳曼部队实际上与哥特人结成了同盟。对于这一急剧变化的事态，仍旧驻跸于安条克的瓦伦斯直到很晚才做出反应，他于 378 年 5 月从君士坦丁堡挥师西进色雷斯。在此期间，他向帝国西部的皇帝格拉提安求助，而后者此时已再度与阿勒曼尼人重开战端，但他还是十分乐意向瓦伦斯提供援助。然而，当格拉提安率大军快要抵达色雷斯之时，瓦伦斯却擅自在哈德良堡与敌军开战，做出这一决定或许是出于明显的战略误判，或许是因为瓦伦斯求胜心切，想要独占胜利成果，并由此以伟大的蛮族征服者自居。结果，哥特人大获全胜，罗马军队全线溃败，瓦伦斯与大多数将领及成千名士兵阵亡，巴尔干诸省岌岌可危，将要陷于哥特人之手。

民众对哈德良堡战役之败的公开反应明确表明，当时人们确信此次败绩关乎帝国的根本与存续；同时这也反映了当时横亘于整个罗马社会与国家之中的分歧与隔阂。米兰主教安波罗修①（333/334 或 339/340—397）立即对哈德良堡之役做出反应，他规劝格拉提安皇帝，只有正确的（也就是说正统天主教的）信仰才能带来胜利——这分明就是在嘲讽瓦伦斯皇帝所推崇的阿里乌

---

① 安波罗修（Ambrosius）：曾任米兰主教，基督教早期著名教父，出生于元老院贵族家庭，早年学法从政，并在大约 372 年或 373 年成为伊米利亚—利古里亚行省长官，该省省会即米兰，亦是罗马皇帝的行在之一。当时的米兰教区因阿里乌教派和主张"三位一体"的教徒之间的争执而陷入分裂。374 年，原有米兰主教去世后，为避免教会争端发展成动乱，安波罗修前往教堂向民众讲话，演讲过程中一个孩子的声音突然喊道："让安波罗修做主教！"，众人以为此乃天主的声音，于是都拥戴倾向于"三位一体"主张、同时对阿里乌教派保持中立态度的安波罗修担任米兰主教。安波罗修在上任之后，大力打压阿里乌教派，同时对罗马皇帝的宗教政策产生了重大影响，进一步巩固了基督教在罗马帝国的地位。——译者注

派 [《论信仰》，(de fide)，第 142 章]。异教教徒里班尼乌斯则呼吁人们应求教古老的神谕，并回归传统的信仰（《演说集》，编号：24，第 1 章）——于是，哈德良堡的溃败便被解读为是对忽视传统诸神的惩戒报应。

尽管罗马人败于哥特人之手，但这显然并没有使罗马人更加精诚团结，反而进一步加深了其内部根植于宗教政策的分歧。坚信罗马为永恒之城（Roma aeterna）、世界诸城之首的人们只得回溯历史，寻求慰藉：罗马人在陷于困境之时常常发现，每一次失败之后总是伴随着更大的胜利。比如，阿米阿努斯·马尔切利努斯便试图将这种乐观主义精神传递给他的读者，他曾写道（第 31 册，第 13 章，第 19 节）："尽管罗马时常因为时运不济、惑于诡计而处于军事上的困局，进而暂时陷入险境，但除却坎尼会战①之外，历史上从未出现过如此致命的溃败。"众所周知，罗马人在坎尼会战败北之后，

---

① 坎尼会战：第二次布匿战争中的重要战役，发生于公元前 216 年。当时迦太基统帅汉尼拔进军意大利，为了切断罗马的粮食补给，他率军进攻罗马的粮仓坎尼城（Cannae），与由两位罗马执政官所统领的大军对战。在这场战役中，汉尼拔运筹帷幄，采用双重包抄之策略，将较弱兵力置于中军，从而使罗马军队陷入两翼精锐部队的包围之中，迦太基军队由此以少胜多，重创罗马，坎尼会战也由此成为世界军事史上的经典战例。——译者注

最终仍然击败了汉尼拔，取得了第二次布匿战争^①的胜利，以此类推——正如这位古典时代晚期的历史学家所委婉期许的那样——罗马人最终也将击败哥特人。但正如后人所知的那般，后来的一切都事与愿违——而基督教历史学家鲁菲努斯^②（约345—410）在其对哈德良堡之败的著名评论中就已经预感到："罗马帝国彼时乃至后世之不幸皆发端于此役"（《教会史》，第1卷，第13章）。

---

　　① 布匿战争：罗马与迦太基之间为争夺地中海沿岸霸权而爆发的三场战争，"布匿"为当时罗马对迦太基的称呼。第一次布匿战争（前264—前241）以海战为主，迦太基落败。在第二次布匿战争（前218—前201）中，迦太基主帅汉尼拔入侵罗马本土，重创罗马，但之后罗马反攻迦太基本土，罗马将领大西庇阿（前235—前183）在公元前202年的扎马战役中战胜汉尼拔，迦太基再次失败。在第三次布匿战争（前149—前146）中，罗马围攻迦太基城长达三年，并最终摧毁了迦太基，使之成为罗马的阿非利加省。——译者注

　　② 阿奎莱亚的鲁菲努斯（Rufinus von Aquileia）：罗马帝国晚期的基督教僧侣、历史学家和神学家，以将众多希腊文基督教著作翻译成拉丁文而闻名，其中包括著名的希腊教父、神学家、哲学家俄利根（Origenes Adamantius，185—254）的众多论著。——译者注

第七章

狄奥多西大帝
（379—395）：统一的终结？

瓦伦斯驾崩之时，帝国尚有两位奥古斯都在位：一为瓦伦提尼安一世与其原配夫人之子格拉提安，一为瓦伦提尼安一世第二位夫人尤斯提娜（Iustina）于 371 年生下的瓦伦提尼安二世。后者于 375 年年仅四岁之时登上奥古斯都之位，以续王朝香火。这也成了罗马帝国晚期时常出现幼主（principes pueri）继位现象的开端，而这在史书中颇受诟病。379 年 1 月 19 日，格拉提安将西尔米乌姆·弗拉维乌斯·狄奥多西（Sirmium Flavius Theodosius）擢升为共治皇帝，并委托其治理帝国的东部，因为此时格拉提安年幼的弟弟虽已八岁，但显然既不能帮他管理整个帝国，也不能助他击败日耳曼部族。最迟自 5 世纪中叶起，基督徒便给狄奥多西皇帝加上了"大帝"这一尊号以示恭敬，因为他将基督教尼西亚信经派立为罗马帝国的国教。这位新皇帝在即位首日就显示出了其支持基督教的政策立场，那时他拒绝接受大祭司（pontifex maximus）这一头衔，清楚地表明了他拒绝为传统异教崇拜担负任何责任。

对出身于西班牙并已在军旅生涯中崭露头角的狄奥多西一世而言，此时最为紧迫的问题还不在于教会方面，而在于对巴尔干地区局势的调整管理上。因此，在狄奥多西一世登基后的最初几年里，他一直停留在这一地区，并尤其着力于重组和补足军队数量。从《狄奥多西法典》中的相关法令我们可以得知，罗马帝国晚期的皇帝在解决此类问题时所面临的各种困难。当时有义务通过税收渠道提供新兵的地主试图以此摆脱那些无用的劳动力，将他们丢给军队，而应征人员通过自残来逃避兵役的现象也是屡见不鲜。所以在罗马帝国晚期，本来由地主向国家提供兵源的征兵手段很快过渡为以钱代物（Adäration）的方式，即由地主向国家缴纳一定金额，而国家便可由此自行征兵。此时将自愿参军的外族纳入罗马军队的现象已经日益普遍，以致军队的"蛮族化"

不断加剧。在 4 世纪最后几十年中，这一趋势已经愈演愈烈，正好在狄奥多西一世统治时期，一位名为维格提乌斯（Vegetius）的元老院高级官员撰写了一篇军事述要（Epitoma rei militaris），并将其呈给皇帝（且极有可能是面呈给狄奥多西一世本人）。在这篇述要中，维格提乌斯对征兵、练兵及军团结构的诸多问题进行细致入微的讨论，还提出一系列战略性思考。在他看来，最为重要的是重温罗马光荣的历史，以从中汲取解决现实问题的教益，遏止罗马军队日耳曼化的趋势。

维格提乌斯的呼吁和建议并没有得到广泛回应，狄奥多西一世征召了大量哥特人、临阵倒戈之徒及非罗马人的志愿兵。这样一来，在军事冲突中就会出现同一部族彼此为敌的现象（之后更是日益频繁）。这对此时已然名不副实的罗马军队的士气和效率而言，显然是毫无助益的。

早在 380 年春天，此类问题就已出现，当时，西哥特人 [在他们的国王弗里提哥恩（Fritigern）的率领下] 向马其顿进军。由于狄奥多西一世自己所征召的哥特人并非完全可靠，这位皇帝便请求帝国西部的共治者格拉提安施以援手。后者派两位效命于罗马军队的法兰克人——阿波加斯特（Arbogast）与包托（Bauto）——

领军支援，并最终将哥特人击退。然而，在很大程度上并不听命于罗马帝国的日耳曼人在帝国境内四处流窜，长此以往，将难以容忍且无法控制，因此，狄奥多西一世在 382 年决定与蛮族签订条约（foedus），这便成了罗马帝国历史的重要转折点。因为正是这项条约，而非君士坦丁大帝与哥特人所订立的协议，首创了归属于帝国的盟邦（Foederaten）这一形式，这样一来，已经定居罗马帝国境内的异族便获得了作为法律上主权独立的盟友的地位，几乎相当于国中之国。从长远上看，这一举措成了日耳曼部族在罗马帝国领土上建立起各自国家的重要开端，也正是这一进程在很大程度上导致了（西）罗马帝国的解体。

　　狄奥多西一世与哥特人签订的这一条约的准确原文我们已经无从知晓，但可以从德米斯提乌斯[①]

---

　　① 德米斯提乌斯：罗马帝国晚期演说家、哲学家和政治家。德米斯提乌斯年轻时曾与推崇异教的里班尼乌斯在君士坦丁堡结识，但后来两人因在宗教信仰问题上的分歧而日渐疏远。德米斯提乌斯本人虽非基督徒，却受到诸位信奉基督教的皇帝的厚爱和重用，他的众多演讲也成了研究当时政治和思想史的重要材料。在君士坦提乌斯二世时期，德米斯提乌斯步入政坛，并被任命为君士坦丁堡元老院成员。在尤利安和约维安时期，德米斯提乌斯一度受到冷落，但到了瓦伦斯和狄奥多西一世时期，他如日中天，并于 383 年或 384 被狄奥多西一世任命为君士坦丁堡城市长官。

(Themistius，约 317—388）第十六次的演讲中得知其中的要点。德米斯提乌斯曾为元老院成员和君士坦丁堡城市长官，属于帝国的精英阶层，并在瓦伦斯和狄奥多西一世在位时期负责节庆致辞演说，由此充当了官方政策喉舌的角色。在德米斯提乌斯演说的基础上，我们可以还原出以下条约内容：作为自主的缔约方，哥特人可以分配到罗马帝国领土上免于赋税的定居地，在那里他们享有自治，拥有自己的法律，并可自主决定自己的首领；他们享有罗马帝国的国籍，但并未获得与罗马公民完全同等的地位；此外，他们负有为罗马帝国军队效力的义务，但帝国需向他们拨付专门的军饷，同时，他们也只听命于本族首领的指挥。如此先例一开，究竟意味着什么，罗马帝国的领导层自然是心知肚明，也正是因为如此，他们千方百计地试图将条约规定的影响大事化小，小事化了，并对条约的真实性质加以掩盖。于是，对条约进行粉饰的重任便主要落到了上文提及的演说家德米斯提乌斯的身上，他特别选取了仁爱之君（philanthropos

---

德米斯提乌斯在内政和外交上都主张平衡各方利益，在对待北方蛮族的问题上，他认为应当让他们融入罗马帝国，而并非只是单纯地采取军事行动；在宗教问题上，他也主张信仰宽容。德米斯提乌斯的哲学思想同时深受亚里士多德学派和柏拉图学派的影响，反映了当时两大学派思想互相交融的趋势。——译者注

basileus）的说辞，盛赞皇帝乃是全体人类的伟大恩主，从而将在狄奥多西一世看来迫于无奈、忍痛割爱的妥协之举重新解读为慷慨大气的文明开化之功。据德米斯提乌斯所言，皇帝放弃了对蛮族赶尽杀绝，他反而使蛮族也得以共享罗马帝国升平之世的福祉："让色雷斯尸骸遍地，难道这要好过让农民安居乐业吗？难道要让那里死者的坟墓多过生者的人口吗？难道人们在远行途中更愿意看到蛮荒之地而非沃土良田，更愿意计算死于非命的亡者而非忙于耕作的农民的人数吗？"（德米斯提乌斯，《演说集》，编号：16，第211章，第a节—第b节）

尽管人们通过这种方式美化了现实，但真正的事实却是无论如何都无法改变的，而狄奥多西一世准许外族定居，同时做出让他们拥有罗马帝国国籍的妥协，这一系列打破禁忌的举动，则让这位皇帝得到了颇有争议的荣耀。尽管如此，哥特人原本步步紧逼的威胁至少因此得到了暂时的缓解，这也让皇帝有了足够的理由举行庆典。于是在383年初，人们在君士坦丁堡不仅因为与哥特人缔结和约而欢欣鼓舞，同时更因为长寿而又强悍的罗马帝国死敌——沙普尔二世——的逝世而对东方的局势满怀希望。383年，沙普尔三世①成了波斯王位的

---

① 沙普尔三世（？—388年，383—388在位）：波斯萨珊王

继承者。自384年起，罗马帝国便与沙普尔三世建立外交联系，并最终于387年就历时已久的亚美尼亚争端达成一致。虽然罗马人仅获得一小块领土，而且不得不就此知足，但这在他们眼中也算是修正了先前约维安所签订的可耻的条约了。

在此期间，帝国西部的局势发生了重大变化，格拉提安皇帝征讨篡位未果，于383年8月遭到杀害。这场篡位变故最初发生于不列颠，和狄奥多西一世一样出生于西班牙甚至可能是其远亲的军队将领马克努斯·马克西穆斯（Magnus Maximus），于383年春在那里自称奥古斯都。早在383年秋，马克西穆斯就已在事实上控制了不列颠、西班牙和高卢，因为当时瓦伦提尼安二世年仅十二岁，根本无法对马克西穆斯造成任何有力的威胁。尽管如此，当大多数时间都驻跸于特里尔的马克西穆斯提出要与瓦伦提尼安二世共同统治帝国西部时，这位年

朝国王，沙普尔二世之子。379年，沙普尔二世驾崩之后，其弟阿尔达希尔二世（？—383）继位。383年，阿尔达希尔二世死后，沙普尔三世成为波斯国王。387年，沙普尔三世与罗马帝国东部皇帝狄奥多西一世就亚美尼亚的争端达成协议，波斯因其优势地位而获得了亚美尼亚差不多五分之四的土地。在与信仰基督教的罗马帝国改善关系的同时，沙普尔三世还结束了其父亲统治时期开始的对基督徒的大迫害。——译者注

幼的皇帝仍然对这一无理要求充满了反感，但他在与狄奥多西商议之后，还是于384年宣布愿意将其统治范围缩减至意大利、北非和巴尔干西部地区。这样一来，合法的奥古斯都不得不屈从于现实，勉强承认马克西穆斯的皇帝身份。但当马克西穆斯于387年夏天进军意大利，并将在此之前多半时间驻跸于米兰的瓦伦提尼安二世驱赶至帝国东部时，狄奥多西一世认为自己必须出兵干涉。388年夏天，狄奥多西一世轻而易举地在阿奎莱亚①附近擒住了马克西穆斯，并下令将其处死。之后，狄奥多西一世在意大利停留了将近三年之久。正是在这期间，发生了继与哥特人签约之后又一件由狄奥多西一世参与的具有划时代意义的事件，即390年所谓的米兰忏悔。这一事件的起因由来已久，并再度将我们的视线引回到教会与宗教政策这一领域。

正如上文所提及的那样，早在狄奥多西登基之时，他就对大祭司这一头衔予以拒绝，而这一举动也为他的宗教政策定下了基调。380年2月27日，他在塞萨洛

---

① 阿奎莱亚（Aquileia）：今意大利乌迪内省的一座城市，曾为罗马帝国的大城市和交通枢纽，城内至今尚存罗马帝国时期的建筑遗迹。——译者注

尼卡①颁布了一道敕令，其中首要力图实现的便是所有基督徒在尼西亚信经的教义之下归于统一（《狄奥多西法典》，第16卷，第1章，第2款）："所有在吾皇之仁慈宽厚统御之下的民众，皆须遵循吾愿，坚守独一信仰。而正如由上帝使徒彼得所预示的信仰时至今日所明示的那般，这独一的信仰便是由彼得传于罗马人民的信仰……；换言之，吾等皆须谨遵使徒之教诲、福音之教义，笃信圣父、圣子、圣神皆为同一之伟大，皆为独一之天主，三位实为一体。"根据敕令的规定，接受此信仰的人便是基督徒，而其他人则被视为异端。381年1月10日所发布的另一条敕令更是明令（《狄奥多西法典》，第16卷，第5章，第6款）："为了不给异端践行传播其桀骜不驯之疯狂信仰以任何机会，禁止任何人为异端举行神秘仪式提供任何场所……众人皆须颂扬至高唯一的上帝之名；尼西亚信经的教义很早便已由吾等祖辈传至今日，并经由明证和对上帝信仰的明确宣示而得到不断强化，同时它还将流传后世，而吾等也必须坚持尊奉

① 塞萨洛尼卡（Thessalonike）：位于希腊北部，今为该国第二大城市，也是中马其顿大区和塞萨洛尼卡州的首府。罗马皇帝伽列里乌斯曾将塞萨洛尼卡作为其行在之一，并在此城建造了皇宫、凯旋门等众多恢宏建筑。——译者注

这一教义。"表述如此明确清晰，毫无歧义，由此基督教便被提升为罗马帝国的国教，而同年举行的君士坦丁堡大公会议也再度确认了这一表述，并以教会的名义对其予以批准。

尽管如此，意大利还是再度出现了力图复兴异教的声势浩大的运动，虽然在此之前，格拉提安皇帝已经清楚无疑地表明了自己反对异教的政策取向，他不仅明确放弃了大祭司的职务和头衔，而且还颇有象征意味地将胜利女神维多利亚的神像移出罗马元老院议事堂。异教徒企图扭转局势的首次尝试最后无果而终。在格拉提安皇帝死后，罗马城崇奉异教的贵族再次力图让此时的西部皇帝瓦伦提尼安二世撤销上文提及的宗教法令。384年，身为罗马城市长官且极负盛名的叙马库斯借此时机第三次向皇帝上书。他以既往之伟大为论据，让罗马城拟人化的女神形象现身说法，为传统诸神进行辩护（《叙马库斯的奏文》，第3章，第10节）："将众人皆崇敬之物视为同一的神乃是合理之举。我们所见的星辰皆为同一，天空亦为我们所共有，而我们更是身处同一个宇宙之中。每个人到底遵循何种教义去追求真理，这真的有那么重要吗？如果仅凭唯一的途径，我们是无法抵达这般崇高庄严的奥秘的。"若不是同样老谋深算（且不仅仅只是精于雄辩）的米兰主教安波罗修亲自干预，叙马库斯字斟句酌、行文精炼的言辞恐怕早已成其所愿了。安波罗修呈给瓦伦提尼安二世的书信同样毫不逊色，在信中他也让罗马城之神现身说法，并为基督教代言：多少个世纪以来，有多少无辜的鲜血被敬献给了异教的习俗和祭典，尽管如此，罗马人却依旧无法避免充满耻辱的失败。如今，基督的真理早已显现，世人皆无可逃遁，至于其中的缘由，安波罗修更是借用了罗马城之神来代为发声（《安波罗修书信集》，编号：18，第7章）："虽然我年事已高，但我愿与整个世间一起改宗皈依，而且对此问心无愧。活到老，学到老，此乃颠扑不破的真理。若是老了却不能让自己日臻完善，这才应该感到愧疚。众人所要歌颂的，并不是年岁的成熟，而应是品性的成熟。不断完善自身，这并无羞耻之处。"然而，安波罗修认为单靠其论辩之才恐怕还难以奏效，于是他还公然威胁瓦伦提尼安二世，如果他满足异教徒的请求，并下令重新树立胜利女神祭坛的话，那么他将开除皇帝的教籍。最终，皇帝驳回了叙马库斯的请求。

安波罗修告诫皇帝在适当的情况下有可能将把其逐出教会，他的这一实际行动表明，在追求正道的抗争中，究竟何种手段可以用来作为合法的工具；至于到底何为正道，这一关乎权力之争的问题，发生于 385 年至 386 年间的所谓"巴西利卡①之争"给出了答案。当时，瓦伦提尼安二世和他的母亲尤斯提娜计划与阿里乌教派信众一起在米兰城外的一座教堂内庆祝复活节。尽管皇帝在程序上有理有据，但安波罗修通过动员米兰市民，还是成功地阻止了这场庆典活动。此外，在一封呈给皇帝的信中，安波罗修还否认了皇帝在信仰问题上所拥有的任何权限——在这一领域，正是主教才有权对信仰基督教的皇帝做出判定，而非相反！皇权与教权的下一场角力（388—389）因一场纵火袭击而起。当时，基督徒在千里之外的幼发拉底河畔的卡利尼克姆②烧毁了一座犹太教教堂。于是，狄奥多西一世便在米兰下令予以严惩，因为犹太教也处于帝国的保护之下。然而，身为米

---

① 巴西利卡：希腊语原义为"王者之殿"，为古罗马作为法庭或市场之用的长方形会堂，外侧有一圈柱廊围绕，主入口在长边，短边设耳室。后来，巴西利卡也成了基督教教堂建筑的基本形式之一，但其主入口改设在短边，一般拥有高大的中厅和两个较低的侧厅。——译者注

② 卡利尼克姆（Callinicum）：今叙利亚北部城市拉卡，位于幼发拉底河畔，始建于亚历山大大帝时期，后曾长期属于安息帝国，198 年后被纳入罗马帝国领土，并得名"卡利尼克姆"，古典时代晚期成为罗马帝国对抗波斯萨珊王朝的边境要塞。——译者注

兰主教的安波罗修尽管不拥有任何干预司法的权限，但他还是强烈要求皇帝撤销惩罚。在齐聚的教众面前，安波罗修故伎重演，要以最严厉的教会惩戒来威胁皇帝，最终，狄奥多西一世也不得不让步。皇权与教权的冲突在前文提及的发生于390年的米兰忏悔中达到了高潮。这一事件起因于塞萨洛尼卡的一系列流血冲突，一位出身日耳曼族的统帅丧命其中。于是，狄奥多西一世下令该统帅所辖的哥特人部队为自己的长官报仇雪恨，由此造成了众多伤亡。在此之前，安波罗修曾对皇帝提出过严正警告，并力劝他不要采取这一措施。鉴于皇帝的行为所造成的后果，安波罗修向其发出了开除教籍的信件。过了相当长的一段时间之后，狄奥多西一世终于屈服，并公开忏悔。于是，教会便于390年的圣诞节重新将皇帝纳为信众。尽管狄奥多西一世一直不遗余力地对基督教予以支持，而且把尼西亚教派立为帝国唯一的国教，但这位皇帝却不得不多次脱去皇袍，以忏悔者的装束出现在米兰教堂之中。因此，学界常常有这样一种说法，即米兰实乃卡诺莎悔罪①之滥觞。但若细究的话，我们

----

① 卡诺莎悔罪：起源于教皇格里高利七世（约1020—1085，1073—1085在位）和神圣罗马帝国皇帝亨利四世（1050—1106，1084—1105在位）之间的叙任权之争。1075年，格里高利七世

便会发现其中的联系并不像乍看上去那样显而易见，这是因为安波罗修在当时并没有想要对皇帝及其帝位的合法性提出根本上的质疑。尽管如此，正是在这一时期，皇权与教权之间的冲突和权限争端首次明确地登上了历史舞台，而这场发端于古典时代的权力之争更是一直持续到了后来的中世纪。

　　发生于米兰的这些事件直接造成了一连串不可低估

颁布教宗训令，声称教宗的权力唯一普世、至高无上，且可罢免皇帝，而皇帝并无权力任命和授予宗教圣职。此举引起了亨利四世的强烈抗议，他于1076年在今德国沃尔姆斯（Worms）召开宗教会议，宣布废黜教皇格里高利七世。教皇也以牙还牙，于当年开除皇帝教籍，并废黜其帝位。当时亨利四世未能获得诸侯和民众的支持，大多数诸侯表示如果亨利四世不能在一年内恢复教籍，他们便不再承认其帝位的合法性。亨利四世受形势所迫，前往意大利的卡诺莎（Canossa）城堡，向避难于此的格里高利七世悔罪。据传，皇帝曾在冰天雪地的城堡外赤脚等候了三天，恳求教皇宽恕，而后者最终取消了绝罚。1080年，亨利四世在帝国内战中取胜，击败了由反对派诸侯所拥立的国王。但格里高利七世在此之前因错误估计形势于当年再度下令对亨利四世施以绝罚。于是，皇帝挥师南下，围攻罗马，并于1083年占领了梵蒂冈。之后，亨利四世宣布废除格里高利七世，并立克雷芒三世为教皇。格里高利七世只得弃城南逃，并向西西里一带的诺曼人求援，后者将亨利四世的军队赶出罗马，并在罗马大肆劫掠。由此，格里高利七世民心尽失，只好在诺曼人军队的保护下逃往意大利南部，最后在流亡中去世。——译者注

影响的后果，大体上表现为此时皇帝变本加厉地继续奉行打压异教的政策。391年2月，狄奥多西一世与罗马城市长官针锋相对，在米兰发出了无条件禁止任何异教献祭和朝拜活动的命令。在狄奥多西回到君士坦丁堡之后，他又于392年11月8日在那里明令禁止任何罗马帝国的居民举行异教的崇拜仪式。至于这一命令是否只是出于宗教政策的需要还是另有权谋政治的考量，我们不得不暂且将这一问题予以搁置，因为自392年8月起，弗拉维乌斯·尤吉尼乌斯（Flavius Eugenius）在帝国西部篡位称帝，并推动复兴异教。而原先的皇帝瓦伦提尼安二世因遭受担任大元帅的法兰克人阿波加斯特的压制胁迫而不得不听命于他，最后在高卢的维耶纳①被发现上吊死亡（392年5月15日）。于是，阿波加斯特便让雄辩家尤吉尼乌斯登基称帝。尤吉尼乌斯虽然在名义上信奉基督教，但他却对异教深表同情。因此，当时异教在罗马的领军人物叙马库斯与尼科马库斯·弗拉维安努斯②得以再次短暂地扭转（宗教）历史的车轮，并设法

---

① 维耶纳（Vienne）：法国西南部伊泽尔省城市，由高卢人始建，后被尤利乌斯·恺撒纳入罗马版图，尤利安和瓦伦提尼安二世都曾驻跸此地，不少罗马帝国时代的古迹留存至今，比如奥古斯都和莉薇娅神庙、罗马剧场等建筑。——译者注

② 维鲁斯·尼科马库斯·弗拉维安努斯（Virius Nicomachus

在元老院议事堂内再度树立起维多利亚祭坛。但是，狄奥多西拒绝承认尤吉尼乌斯的帝位，他于393年1月将其年仅九岁的儿子霍诺留升为奥古斯都，而霍诺留之兄阿卡狄奥斯（Arcadius）更是早在383年就获得了奥古斯都的头衔。通过这一方式，狄奥多西一世更是清楚地表明了他对尤吉尼乌斯的反对态度。

当狄奥多西于394年夏天再度进军帝国西部攻打篡位之徒时，人们可能已经意识到，这场即将到来的战事并不仅仅是皇帝与仇敌之间一场早已司空见惯的你死我活的争斗了。无论如何，这场战争在事后确实被人们冠以"基督教与异教之间的最后一战"的称呼。事实上，尤吉尼乌斯也的确成了最后一位支持异教的罗马帝国皇位争夺者，因此从这个方面讲，上述判断的确是符合事实的。但所谓"最后一战"的说法也略有让人困惑之处，因为在尤吉尼乌斯战败之后，异教并没有随之彻底消亡，

Flavianus，334—394）：罗马帝国晚期语法学家、历史学家和政治家，推崇异教信仰，为昆图斯·奥勒留·叙马库斯的密友，在瓦伦提尼安二世时期，曾于390年至392年担任意大利—亚非利加禁卫军长官辖区的首长，尤吉尼乌斯篡位自立后投奔当时帝国西部的实际掌权者阿波加斯特并仍任原职，394年成为执政官，并致力于复兴异教。尤吉尼乌斯和阿波加斯特在冷河之战中被狄奥多西一世击败之后，弗拉维安努斯亦自杀身亡。——译者注

恰恰相反的是，异教崇拜仪式在意大利、高卢和阿尔卑斯山地区依然延续，一直到 6 世纪。当时，狄奥多西要为信仰之正道、皇权之正统而战，但他所率领的大军其实是由多个民族的部队混杂拼凑而成的，这也让我们得以窥见 4 世纪末罗马帝国的实际情况。匈人和日耳曼人为征伐尤吉尼乌斯提供了大量兵源，哥特人甚至为此出动了两万人，而他们的领导者很可能就是数年后因攻占劫掠罗马城而毁誉参半的亚拉里克（Alarich）。在达尔马提亚和意大利交界处一条名为冷河（Frigidus，今维帕瓦河①）的小河畔，发生于 394 年 9 月 5 日至 6 日的战役最终注定了尤吉尼乌斯的命运，他的法兰克人大元帅阿波加斯特于 9 月 8 日自杀而亡，而他本人在两天之前已被处死。

于是，狄奥多西一世再度成了罗马帝国唯一的统治者，因为他的两个儿子虽然拥有奥古斯都的头衔，但赋予他们这一头衔其实主要是出于确保王朝承继的需要。当时的人们还完全无法预见，狄奥多西一世将成为最后一位统御罗马帝国全境的奥古斯都，而后世人们则希望从狄奥多西对后事的安排中找到他欲将帝国一分为二的

---

① 维帕瓦河：欧洲中部流经斯洛文尼亚西部和意大利东北部的河流，为索查河支流，后者最终注入亚得里亚海。——译者注

意图，对于所有这些尝试我们都必须坚决予以反对。这是因为，狄奥多西一世在冷河战役得胜不久后病重，遂将霍诺留及其同父异母妹妹加拉·普拉西提阿（Galla Placidia）召往米兰，这是为了作好让霍诺留接管帝国西部的准备，而他在当时完全没有要将罗马帝国分为东西两个国家（并让留在君士坦丁堡的阿卡狄奥斯统治东部帝国）的打算。尽管我们并没有掌握有关狄奥多西对其身后继任安排的明确材料，但米兰主教安波罗修对这位于 395 年 1 月 17 日驾崩的皇帝所致悼词中的一段话可以作为最重要的佐证，这段话清楚地表明，狄奥多西虽然没有留下法律意义上的遗嘱，但他很可能把两个儿子托付给了他的大元帅斯提里科，命其如父亲般照料并辅佐他们。基督教历史学家奥罗修斯也明确提到（第 7 卷，第 36 章，第 1 节）：阿卡狄奥斯和霍诺留由此便“开始了在不同的驻跸之地共同统治帝国（commune imperium）”。因此，狄奥多西最有可能的设想是，他的两个儿子效法瓦伦提尼安一世和瓦伦斯这两位共治皇帝、亲睦敦厚、齐心协力地共同统御帝国。尽管最后事与愿违，但这并不妨碍诸位历史人物的本来意愿，以及 395 年的真实情况。虽然我们在此处否认罗马帝国于 395 年正式分裂，但在下文中还是将通过各用两章分述东西帝国的办法来处理古典时代末期的历史，这看起来虽然有些前后矛盾，但表面上的矛盾在事实上却是合情合理的。这是因为，在狄奥多西一世死后，帝国的分崩离析愈演愈烈，先前尚未中断的维系帝国持久统一的努力也因此渐成泡影，所以此处采用两章分述狄奥多西之后罗马帝国历史的办法，不仅便于操作，而且还符合史实。

第八章

从狄奥多西一世到狄奥多里克
（395—526）：西部帝国的终结

551 年，以拉丁语写作的哥特人历史学家约达尼斯
（Jordanes）撰写了《哥特史》一书，他在这本书中以自
己的视角对 395 年后的一系列事件进行了总结 [《哥特史》
（*Getica*），第 29 章，第 146 节]："然而当崇尚和平、亲
善哥特部族的狄奥多西撒手人寰之后，他的两个儿子便
开始了贪图享乐的生活，并由此将东西两个帝国引向灭
亡。同时，狄奥多西的继任者也开始剥夺作为罗马帝国
雇佣兵的哥特人已经习以为常的各项待遇，哥特人对此
深为反感。另外，他们因为害怕自己将在长久的和平中
失去战斗的勇气，于是便拥立上文已经述及的亚拉里克

做他们的国王……亚拉里克一成为国王，便与他的部众商讨对策，并建议众人，与其身为异族甘心对罗马帝国俯首称臣，还不如揭竿而起，取而代之。"与其他有识之士一样，约达尼斯深知形势将朝何种方向发展，因此，他在此时便已提出了"两个帝国"的说法，即西罗马帝国和东罗马帝国。在他看来，正是狄奥多西的两个儿子——阿卡狄奥斯和霍诺留——把这两个帝国引入毁灭的深渊。这种将帝国的衰亡归罪于两位皇帝穷奢极欲的宫廷生活的解释，恰好与古典时代晚期著史的风格相契合。这一时期的史家往往从道德评判和个人因素着眼来撰写史书，而这对因果缘起的客观分析并无助益。但同时，约达尼斯也颇具慧眼地看出此时的哥特人已经能够自由地掌控自身的未来，因为罗马人看起来已然日薄西山。这种看法纵使过于夸张，却反映了以下事实，即在395年之后，亚拉里克和西哥特人成了西罗马帝国的最大威胁，这一点也体现在《哥特史》全书之中。

颇为吊诡的还有，亚拉里克的宿敌、罗马帝国中央及皇权的代表并非罗马人，而是汪达尔人①（Vandalen）

---

① 汪达尔人：日耳曼民族东部的一支部族，在罗马帝国著名历史学家塔西佗（约55—约120）时期曾定居于日耳曼尼亚东北部。在5世纪的欧洲民族大迁徙中，汪达尔人大部分迁移到西

出身的弗拉维乌斯·斯提里科（Flavius Stilicho）。自 4
世纪 90 年代起，斯提里科便担任大元帅一职。此外，
狄奥多西一世还将其侄女塞丽娜（Serena）下嫁于他，
斯提里科也由此与皇室结亲。狄奥多西一世死后，斯提
里科还将他的女儿玛丽亚嫁给霍诺留皇帝，在玛丽亚死
后，又将其二女儿蒂尔曼提亚（Thermantia）许配给霍
诺留，由此进一步加强了他与皇室的亲缘关系。作为年
轻皇帝的岳父和狄奥多西一世指定的托孤之臣，斯提里
科直到 408 年去世都一直在西罗马帝国扮演着举足轻重
的角色。

　　当时令斯提里科最为忧心的问题极有可能是该如
何应对哥特部族，因为随着狄奥多西一世的驾崩，之前
与哥特人缔结的条约也同时失效，按理说这时就该订立
新约，然而不管是罗马人还是哥特人都显然并无此意。
早在 391 年，亚拉里克就可能已经正式成为西哥特国
王，也正好在这一年，他擅自从巴尔干半岛出发挥师向
南，这一举动已违背了与狄奥多西皇帝签订于 382 年的

班牙，并最终在其领袖盖萨里克的率领下入侵并占据了意大利的
粮仓——北非。534 年，东罗马帝国查士丁尼皇帝麾下的名将贝
利萨留攻灭了汪达尔王国，重新收复北非地区，其末代国王被虏
往君士坦丁堡，这一民族从此便在历史上消失了。——译者注

条约规定。然而，当时狄奥多西时刻都依赖着哥特军队的帮助，为了征伐篡位自立的皇帝尤吉尼乌斯，他在征召大军时还将亚拉里克及其统辖的军队纳入其中。但到了395年春天，斯提里科命令亚拉里克返回东部，而后者便借此机会在伊利里亚和达尔马提亚大肆烧杀抢掠。除了劫掠之需以外，考虑到匈人不断侵入色雷斯的局势，哥特人认为继续停留在原先划归给他们的土地已非明智之举，于是他们便离开了多瑙河流域，向君士坦丁堡进军。在那里，亚拉里克遇到了东部帝国的政治强人鲁菲努斯①，其为东部禁卫军长官辖区之首长，同时也

① 鲁菲努斯（Rufinus，约335—395）：东罗马帝国将领和政治家，出生于高卢行省，在狄奥多西一世时期进入罗马朝廷。作为基督徒的鲁菲努斯曾成功调停了狄奥多西一世和米兰主教安波罗修之间的纷争。392年，狄奥多西一世任命其为东部禁卫军长官辖区的首长（praefectus praetorio per Orientem），并让他与阿卡狄奥斯一起同列执政官之位。395年狄奥多西一世逝世之后，鲁菲努斯居于幕后，成为东部帝国事实上的掌权者。当时西罗马帝国大元帅斯提里科曾欲联手东部帝国共同讨伐在马其顿和希腊四处抢掠的西哥特人，但鲁菲努斯却予以拒绝，他放任西哥特人进入伊利里亚，并希望后者能够从那里出发进军西部帝国。这是因为，当时东西帝国互相敌对：斯提里科认为西部皇帝应在帝国全境享有最高的权威，而鲁菲努斯和阿卡狄奥斯对此拒不承认。鲁菲努斯曾试图让阿卡狄奥斯皇帝与其女儿成婚，从而进一步加强自己的地位，但这一计划却被其政敌——东罗马朝廷宦官欧特

可能担任伊利里亚的大元帅。可以确定的是，当时鲁菲努斯对亚拉里克许以重金，而作为回报，亚拉里克便率哥特大军回师攻向希腊。395年夏，亚拉里克与紧随其后的斯提里科大军遭遇。最终，两军在互相试探数月之后，于395年秋分别撤离，其间并未交战。这是因为阿卡狄奥斯皇帝下令召回仍在斯提里科统领下的东罗马帝国军队，而这支部队之前曾应召加入过讨伐尤吉尼乌斯的大军，于是斯提里科只好率身边剩余不多的部队返回意大利。局势的这一变化恰好给亚拉里克提供了劫掠希腊的大好时机，于是他便毫不客气地向南进军。哥特人在希腊的胡作非为一直持续到397年春天，历时超过一年。在这期间，希腊中部最先遭到洗劫，之后阿提卡①和伯罗奔尼撒半岛也难逃厄运。雅典在支付了巨额的"保护费"后才得以幸免于难，而埃莱夫西纳②、科林斯③、

罗庇厄斯（Eutropius）挫败。395年，鲁菲努斯被东罗马帝国哥特人出身的将领盖伊纳斯（Gainus）所杀。——译者注

　　① 阿提卡(Attika)：希腊中部以雅典为中心的半岛地区。——译者注

　　② 埃莱夫西纳（Eleusis）：位于雅典西北约30公里处的一座城市，古希腊著名悲剧作家埃斯库罗斯即出生在这里。——译者注

　　③ 科林斯（Korinth）：希腊历史名城，位于雅典以西约78公里处连接大陆和伯罗奔尼撒半岛的科林斯地峡上。科林斯曾为

阿尔戈斯①和斯巴达则未能逃脱洗劫之祸。与此同时，斯提里科又招募了新的部队（兵源主要来自于莱茵河日耳曼人的兵团），并于397年春率军在伯罗奔尼撒半岛登陆。在奥林匹亚②附近，斯提里科成功地将哥特人包围，然而他却又再次放弃了最后对哥特人的关键一战。其中的缘由不甚明了，但由于斯提里科是在原本属于东部帝国的领土上开展军事行动，因此君士坦丁堡方面和西部帝国对此矛盾重重，斯提里科最终弃战可能与此相关。无论如何，至少可以确定的是，397年东部帝国正式将斯提里科宣布为（东）罗马人的国家公敌（hostis publicus），而这便明确预示着，罗马帝国的分裂态势愈演愈烈，已无可挽回。于是，老谋深算的亚拉里克便以其巧妙高超的手段利用罗马帝国的内部矛盾，随机应变，以敌制敌，为我所用。斯提里科撤出希腊之后，亚拉里

雅典最为富庶的城邦之一。公元前146年，罗马将领卢修斯·穆米乌斯（Lucius Mummius）摧毁了科林斯城。公元前44年，尤利乌斯·恺撒重建该城，以作为罗马的殖民地。——译者注

① 阿尔戈斯（Argos）：伯罗奔尼撒半岛东北的古城，建于公元前3世纪的希腊露天剧场保存至今。——译者注

② 奥林匹亚（Olympia）：伯罗奔尼撒半岛西北的古城，奥林匹克运动的发祥地，建造于公元前457年的宙斯神像曾位列古代世界七大奇迹。——译者注

克便在亚得里亚海东岸一带（伊庇鲁斯①）活动，并以此对阿卡狄奥斯的东部帝国造成了相当的威胁。最后阿卡狄奥斯别无他法，只好效仿其父狄奥多西一世在382年的做法，再度试图以签订条约的方式与敌人结盟，并给予后者优待。397年，双方正式缔约，亚拉里克也由此成了伊利里亚大元帅——而这对他而言很可能已经是第二次了。此外，阿卡狄奥斯还把马其顿行省②的部分土地划归给哥特人，以供其定居。

条约的相关规定给巴尔干地区带来了持续数年的相对安定的局面，斯提里科也得以利用这一时机镇压北非地区的反叛。北非乃罗马城最为重要的粮仓之一，但自386年起，此地在罗马帝国高级将领，身为阿非利加扈

---

① 伊庇鲁斯（Epirus）：在巴尔干半岛西北部地区，位于今希腊与阿卡巴尼亚的交界处，西邻亚得里亚海以南的爱奥尼亚海，东依希腊北部的品都斯山脉。——译者注

② 马其顿行省：公元前168年，罗马共和国战胜马其顿王国，两年之后，马其顿王国故地与伊庇鲁斯及伊利里亚部分地区合并为马其顿行省，而罗马也由此跃升为地中海东部的强权。公元前27年，以科林斯为首府的亚该亚行省（Achaea）从马其顿行省中划出独立。戴克里先皇帝在对帝国行政区划的改革中设立了马其顿行政管区（Dioecesis Macedoniae），其下辖新设立的第一马其顿行省（Macedonia Prima）和第三马其顿行省（Macedonia Salutaris）。——译者注

从将军①的吉尔多②的领导下发生了叛乱。然而，到了401 年，与帝国结盟的西哥特人在亚拉里克的领导下再

① 阿非利加扈从将军（comes Africae）：罗马帝国晚期高级军官职位，负责统领北非各大行省的军队，该职位最初可能由君士坦丁一世所设立。其中"comes"一词在拉丁语中原为"陪伴者、追随者"之意，在罗马帝国元首制早期，皇帝最为亲近的朋友便被称为"comes"。哈德良皇帝就曾将元老院成员任命为出巡途中的"扈从大臣（comes）"，以协助其处理日常政务。担任这一职位的官员很快就形成了类似于枢密院的机构，专门为皇帝提供建议咨询。哈德良之后的皇帝们或将司法、财政的管理事务委托给扈从大臣，又或者命其担任高级军官，于是"comes"便从最初的荣誉头衔演变成了重要的行政官职或军队长官。在罗马帝国晚期，"comes"一般指宫廷等级最高的贵族及枢密院成员，部分地区的军队指挥官也享有"comes"的头衔，如阿非利加扈从将军（comes Africae），但其位阶要低于大元帅（magister militum）。——译者注

② 吉尔多（Gildo，约330—398）：毛里塔尼亚国王之子，373 年在狄奥多西一世父亲老狄奥多西（Flavius Theodosius）的麾下效力，并成功在北非平叛，击败了他反抗罗马帝国的兄弟。自386 年起，吉尔多任阿非利加扈从将军，并支持马克努斯·马克西穆斯对抗西罗马帝国皇帝瓦伦提尼安二世，而他统辖的阿非利加行省也几乎成了一个独立王国。早在394 年，吉尔多就拒绝帮助狄奥多西一世征讨篡位者弗拉维乌斯·尤吉尼乌斯。397 年，吉尔多勾结东罗马朝廷公开反叛西罗马皇帝霍诺留，并暂停向意大利提供粮食。于是斯提里科派兵征讨，并于398 年7 月31 日在塔巴卡战役中大败吉尔多，而后者在战后遂被处死，由此，西罗马帝国得以收复阿非利加行省。——译者注

度向西迁移，进军意大利。当哥特人出现在皇都米兰的城门之下时，罗马人惊恐万分，如临末日。曾差不多是斯提里科私家文人并为其写过多篇颂词的诗人克劳狄安①（约370—403后）在其史诗《对哥特人的战争》中写道，当时在意大利，列队飞翔的鸟群、电闪雷鸣及月食都被解释为帝国即将崩溃的前兆。尽管亚拉里克并无意占领米兰，但哥特人还是袭扰了伊特鲁里亚②和意大利北部，并大肆劫掠，直到斯提里科率领大部分由阿

---

① 克劳狄乌斯·克劳狄安（Claudius Claudian）：古典时代晚期最为著名的拉丁语诗人之一，关于其生平的记载十分匮乏。据说他出生于埃及亚历山大城，394年秋因其献给当时新任执政官的颂词而闻名罗马，并在一年之后成为西罗马皇帝霍诺留和大元帅斯提里科的御用诗人。进入宫廷之后，克劳狄安创作了大量颂词赞美西罗马朝廷的政绩军功，其中就包括讨伐吉尔多和亚拉里克的战争。另外，他还分别撰写了两首诽谤东罗马权臣鲁菲努斯和欧特罗庇厄斯的诗歌。克劳狄安的诗歌对于研究东西罗马帝国分治之后的历史具有重要价值。另外，他进一步发展了英雄史诗这一体裁，颇具原创性地将叙事手法运用到颂词之中。——译者注

② 伊特鲁里亚（Etrurien）：意大利中部的古代地名，包括今意大利托斯卡纳大区、拉齐奥大区北部和翁布里亚大区局部，曾为伊特鲁里亚文明(公元前12世纪—公元前1世纪)的发祥地，后被罗马共和国征服。——译者注

兰人所组成的军队于 402 年 4 月 6 日在波伦提亚^①附近迫使哥特人撤退，并于 402 年夏在维罗纳附近的战役中大败哥特军队。之后，哥特人又重新占据了最初划归给他们的位于巴尔干地区的定居之地，偶尔在伊利里亚进行掳掠抢劫，他们的首领亚拉里克也被西罗马帝国皇帝霍诺留晋升为大元帅。

西罗马帝国朝廷对于刚刚度过的危机心有余悸，便将首都从米兰迁到了拉文纳。然而，虽然亚拉里克撤出了意大利，但朝廷却并没有因此得到喘息之机，因为在此期间，西部帝国土崩瓦解之势已经几乎在所有边境地区不可遏制地扩散蔓延开来。在不列颠发生了多起篡位事件，其中以自立为帝的君士坦丁（Constantinus）三世历时最久（407—411）。406 年到 407 年间，汪达尔人、苏维汇人^②和

---

① 波伦提亚（Pollentia）：意大利西北部皮埃蒙特大区库内奥省的一个村庄。——译者注

② 苏维汇人（Sueben）：日耳曼人部族，曾居于波罗的海至德国中部山地之间的广大区域。苏维汇人的习俗和外貌最初曾深刻地影响了古典时代人们对于其他日耳曼部族的认知，直到后来哥特人取而代之成了日耳曼部族的主要代表。公元前 58 年，尤利乌斯·恺撒在佛日战役中击败了入侵高卢的苏维汇人。406 年，苏维汇人和汪达尔人、阿兰人一起越过美因茨附近的莱茵河，南下劫掠高卢，并于 409 年进入西班牙。苏维汇人在位于伊比利亚半岛西北部的加利西亚行省和卢西塔尼亚行省北部地区的基础上

阿兰人出现在高卢和日耳曼尼亚[①]。405年末到406年初，西罗马帝国虽耗费巨大精力，却仅能勉强遏制住 [在拉达盖伊斯（Radagais）领导下的] 东哥特人对意大利的入侵。此外，斯提里科还坚持对君士坦丁堡采取鲜明的对抗政策，并试图利用亚拉里克领导下的西哥特人以达到其目的，然而这一计策并未奏效。于是，亚拉里克在408年春再度采取其屡试不爽的手段，挥师西进，从而向霍诺留施压并以此榨取大量钱财。尽管当时局势岌岌可危，但斯提里科还是想抓住东罗马皇帝阿卡狄奥斯在君士坦丁堡驾崩（408年5月1日）的时机，试图亲自对当地的局势予以干预，甚至希望能够由他自己主持大局，再造帝国之统一大业。然而就在此时，西罗马帝国

建立了独立的苏维汇王国，并利用西罗马帝国和西哥特王国之间实力的此消彼长来以敌制敌，为我所用。585年，苏维汇王国最终被西哥特人征服。——译者注

① 日耳曼尼亚（Germanien）：罗马帝国对日耳曼人居住区域的称呼。著名天文学家和地理学家托勒密在其《地理学指南》（*Geographike Hyphegesis*）一书中记载这一地区西至莱茵河，南抵多瑙河，北达波罗的海，东到维斯瓦河和喀尔巴阡山脉。奥古斯都皇帝曾欲征服日耳曼尼亚并将其列为帝国的一个行省，但罗马军队在公元9年的条顿堡森林战役中遭到惨败。16年，提比略皇帝将罗马军队撤出日耳曼尼亚，于是帝国的扩张便止于莱茵河。——译者注

首都拉文纳的局势发生了逆转。军队发动了兵变，霍诺留下令处死他最为重要的大臣和军队统帅，斯提里科也成了这场血腥杀戮的牺牲者（408 年 8 月 22 日）。

斯提里科的垮台毋庸置疑地成了西罗马帝国历史上的重大事件。米兰及拉文纳与君士坦丁堡之间的鸿沟第一次变得如此不可逾越，以至东西帝国长久的决裂似乎再也无法避免。此外，极为显然易见的还有，皇帝的权威正日益丧失，因为在 395 年至 408 年期间，西部帝国的实际掌权者为斯提里科，而在 5 世纪，更有不少日耳曼部族的大元帅追随其后，掌控了皇帝的废立大权。最后，斯提里科还下令在罗马焚毁了古老且富有传奇色彩的预言集——《西比林书》①，这一做法象征着与传统

<hr>

① 《西比林书》（*Sibyllinische Bücher*）：由希腊六步格诗行所写成的预言卜辞集。在罗马帝国时期，每遇危机便以此书占卜吉凶。相传此书由罗马王政时期末代国王卢基乌斯·塔奎尼乌斯·苏培布斯（Lucius Tarquinius Superbus，？—前 495 前后）从一位女预言家手中购得。当时后者手中共有九本预言书，但苏培布斯以要价过高为由拒绝购买；于是女预言家烧毁了其中的三本书，并仍以原价出售剩下的六本书，而苏培布斯再次予以拒绝；之后女预言家又继续烧掉了三本书，并要价不变，最后苏培布斯不得不以原价买下了仅剩的三本书，并将其藏于罗马城卡比托利欧山的朱庇特神庙内，而这位女预言家据传就是著名的巴比伦女祭司，库迈神谕所的首座西比尔（Sibylle von Cumae）。公元前 83 年，

遗产的彻底决裂。这些预言书籍曾被奥古斯都下令放置在帕拉蒂尼山①上的阿波罗神庙内，并被视为罗马人民"命运之奥秘"（维吉尔，《埃涅阿斯纪》②，第6卷，第72行）。如此一来，除了曾由奥古斯都捐献给元老院的维多利亚女神像之外，罗马帝国统治的又一个精神支柱也随之消失了。当时，甚至有一些人把这看作是大祸临头的不祥之兆，事实上祸事的降临确实也为期不远了。

这是因为，西罗马帝国朝廷在杀害斯提里科之后，随之对日耳曼人采取了敌对态度，尽管这一政策只持续

朱庇特神庙失火焚毁，最初的三本《西比林书》也因此不知所踪。公元前76年，罗马元老院又从各地收集了其他预言卜辞作为替代。公元前12年，身为大祭司的奥古斯都皇帝将新的《西比林书》从卡比托利欧山移至帕拉蒂尼山的阿波罗神庙保存。——译者注

① 帕拉蒂尼山（Palatin）：罗马城七座山丘之一，且位居七丘之中央，其东北为古罗马广场（Forum Romanum），东侧又与斗兽场相邻。奥古斯都皇帝曾筑宫殿于帕拉蒂尼山之上，其后亦有多位帝王在此居住。图密善皇帝在此山之上所建的弗拉维安宫和奥古斯塔那宫的遗迹至今仍存。西方不少语言中的宫殿一词（如英语"palace"）即是源于此山之名。——译者注

②《埃涅阿斯纪》（Aeneis）：奥古斯都时代著名诗人维吉尔于公元前29年至公元前19年以六步格诗行所创作的史诗，共12卷。《埃涅阿斯纪》记述了特洛伊王室成员安喀塞斯与爱神阿佛洛狄忒之子埃涅阿斯从陷落的特洛伊城中逃出，并在迷途之中几经辗转来到意大利，最终成为罗马人先祖的故事。——译者注

了很短时间，但却严重加剧了朝廷与亚拉里克之间的紧张关系。作为对霍诺留拒绝满足其要求的回应，亚拉里克再度入侵意大利，这一次他的大军如入无人之境，直抵罗马城下。408 年秋，这座号称"世界诸城之首"的古都遭到围困，并被断绝了所有后援。饥荒、瘟疫和愤怒在城中肆虐蔓延，而由来已久的争论又再度爆发：这是遭受背弃的古代诸神在向这座如今已陷于不忠的城市复仇吗？更有传闻说，就连罗马主教、教皇英诺森一世[①]也曾反复思考这一问题，甚至斟酌再三，意图对异教徒做出妥协。而亚拉里克对于这样的权衡考虑可能是相当不屑的，在与这座唾手可得的城市谈判的过程中，他所关注的是实实在在的东西：黄金、白银、丝绸、皮毛衣物和香料。408 年底，亚拉里克在他极其过分的要求得到满足之后，率军满载而归，撤回了伊特鲁里亚，从那里他几乎随时都可以再次挥师罗马。历史很快在409 年底重新上演，而在 410 年夏，当亚拉里克第三次

---

① 英诺森一世（Innozenz I., ?—417, 401—417 在位）：在英诺森一世担任罗马教皇期间，正值西罗马帝国国势不振，罗马城陷于蛮族之手并惨遭劫掠的动荡时期。他不遗余力地强化罗马教廷在整个基督教教会中的权威，并要求西方世界的教规应以罗马教廷为典范。另外，他坚持罗马教廷在所有重大问题上应拥有最高的决定权。——译者注

128

进军罗马时，他攻占了这座古都。罗马陷落，其意义不言而喻。从 410 年 8 月 24 日起，亚拉里克和他的军队洗劫罗马三日，他们撤退后所留下的只是惊魂未定的罗马市民。与 378 年哈德良堡的溃败相比，410 年罗马的沦陷对当时人们所造成的震动更为深刻巨大，也在更大程度上导致一批基督教及异教卫道士应运而生。在这一重新燃起的宗教纷争中，奥勒留·奥古斯丁[①]的鸿篇巨制《上帝之城》（*De Civitate Dei*）是内容最为详尽、影响也最为深远的论战文献。在这本书中，他将"罗马之劫（Sacco di Roma）"归入救世史的架构之中。根据这一观点，人间万事都只依赖于上帝的意志，而最为重要的本来也只有人世（civitas terrena）彼岸永恒的极乐世界而已。此外，在奥古斯丁的建议下，西班牙的基督徒奥罗修斯还撰写了反对异教的世界史著作[②]，在该书中他也坚持认为，罗马城之劫仅仅是罗马漫长历史上众多劫难的其

---

① 奥勒留·奥古斯丁（Aurelius Augustinus，354—430）：早期基督教著名神学家和哲学家，曾任北非希波城（今阿尔及利亚安纳巴市）主教，因此又称"希波的奥古斯丁"。主要著作有《忏悔录》《上帝之城》和《三位一体论》等。他在《三位一体论》中认为圣父、圣子、圣灵不可分割，实为一体。著名历史学家、神学家保卢斯·奥罗修斯曾师从奥古斯丁。——译者注

② 该著作指的就是《反异教徒七书》。——译者注

中一个而已，因此并不能将这场祸事归咎于基督徒。异教徒所坚信的无非就是"永恒之城（Roma aeterna）"的信念而已。他们相信，罗马城纵然历经重创，也依然能够百折不挠，劫后重生。比如，鲁提利乌斯·纳马提安努斯[①]在5世纪初曾再度对这一信念的要旨作如下阐述："重生的义理在于，能够在灾祸中成长。那么就请觉醒吧，愿无耻的民族最终成为敬献给诸神的祭品。哥特人将为之胆寒，并将低下他们背信弃义的脖颈。重归安宁的土地将产出丰厚的赋税，蛮族的战利品将充盈皇帝的膝下"[《归途》（*De Reditu Suo*），第1卷，第140行—第144行]。但对于哥特人而言，终将俯首称臣的并不是他们，恰恰是罗马人自己。至于此时自诩为所有蛮族之征服者的皇帝，他的威仪究竟何在，出自6世纪的一则轶事对此做出了诠释，其虽纯属虚构，却意味深长。希腊历史

---

① 鲁提利乌斯·纳马提安努斯（Rutilius Namatianus）：5世纪的罗马诗人，出身于高卢南部。他的代表作是以哀歌格律写成的拉丁语诗歌《归途》（*De Reditu Suo*）。在这部作品中，鲁提利乌斯·纳马提安努斯记述了他于416年沿海岸线从罗马前往高卢的途中见闻。《归途》一书的文笔精湛，且颇有史料价值，因此在罗马帝国晚期的文学作品中具有非同寻常的意义。原诗共分两卷，其中第一卷的引言部分和第二卷的不少部分都已亡佚，至今尚存诗句700行左右。——译者注

学家普罗科匹厄斯[①]（约500—555后）在对汪达尔战争的记述中提到，霍诺留皇帝曾十分钟情于养鸡，其中一只名叫罗马（Roma）的鸡尤为得到皇帝的厚爱。当他得知罗马终结的消息时，竟然痛哭流涕，不能自已。直到后来他弄明白终结的只是罗马城，而非那只鸡时，才终于得以平复情绪。

这样的对手自然是人人都想遇到的。虽然亚拉里克于410年去世，但这在当时却绝非意味着哥特人对于意大利的威胁就此得到解除。因为（著史虽并不可信、但颇有独到之处的）约达尼斯就曾对亚拉里克的继任者阿陶尔夫（Athaulf）有过如下记载（《哥特史》，第31章，第159节）："当他接管大权之后，就再度返回了罗马，并将第一次劫掠罗马后还剩下的所有东西洗劫一空。在意大利，他不仅抢夺了所有私人财产，更将国家的全部

[①]　该撒利亚的普罗科匹厄斯（Prokopios von Caesarea）：6世纪东罗马帝国历史学家，被视为古典时代最后一位史学大家。自527年起，普罗科匹厄斯担任查士丁尼皇帝的名将贝利萨留的法律顾问。当时所有的战地军邮大概无由他经手，他也因此熟知各项军事外交大事。另外，普罗科匹厄斯还曾随军亲历了东罗马帝国对波斯萨珊王朝、汪达尔人和东哥特人的战事。542年后，他长居君士坦丁堡写史著书，其代表作有《战争史》《秘史》和《建筑》。——译者注

财富据为已有，而霍诺留皇帝对此竟然没有采取任何抵抗措施。"

在斯提里科之后的时代，给一直延续到423年的霍诺留政权留下深刻烙印的不仅仅有哥特人。5世纪20年代，伴随着蛮族入侵和各个联盟部族重新结盟而频繁出现的还有一系列僭越篡位之事。本可将其割据统治从不列颠扩展到高卢乃至西班牙的君士坦丁（三世）① (Constantinus)死于411年。在高卢，贵族约维努斯②在勃艮第人和阿兰

---

① 君士坦丁（三世）（? —411）：全名弗拉维乌斯·克劳狄乌斯·君士坦丁 (Flavius Claudius Constantinus)，于407年在不列颠自立为帝，并进占高卢。408年夏，西罗马帝国组织军队讨逆。君士坦丁害怕霍诺留在西班牙的亲戚从那里发兵进攻，为防止陷入两线作战的境地，他派兵进入西班牙将忠于霍诺留的势力击退。408年斯提里科在拉文纳遇害之后，他的部将萨鲁斯 (Sarus) 率领军队出走，造成拉文纳失去重兵护卫。此时的霍诺留因为受到亚拉里克的西哥特大军威胁，迫于无奈只好承认君士坦丁的帝位。之后，君士坦丁却逐步失去了支持，并经历了一系列军事上的失利，最后只得向前来征讨的西罗马帝国新任大元帅弗拉维乌斯·君士坦提乌斯投降，后者于411年下令将其斩首。由于君士坦丁的帝位并未获得广泛认可，因此"君士坦丁三世"只是非官方的称呼，而在东罗马帝国及罗马帝国历代皇帝的正式名号中，"君士坦丁三世"指的是东罗马帝国希拉克略王朝于641年在位的君士坦丁皇帝 (612—641)。——译者注

② 约维努斯 (Iovinus，? —413)：高卢行省罗马贵族，411年君士坦丁（三世）垮台后，他遂于当年自立为帝，与霍诺留的

人的帮助下自立为帝，但其政权早在412年就陷于失败，因为当时阿陶尔夫宣布不再对其予以支持。最后，还有杀害斯提里科的阿非利加扈从将军埃拉克里安努斯[①]，他因觊觎要职高位，于413年进军意大利，却遭遇失败，并在迦太基遭到处决。在这数年的纷乱之中，最具影响力的两个人物是哥特王阿陶尔夫和霍诺留新任命的大元帅弗拉维乌斯·君士坦提乌斯（Flavius Constantius）。

朝廷对抗。此外，还有不少对拉文纳朝廷不满的高卢罗马贵族在君士坦丁（三世）垮台后也投奔了他。412年，约维努斯与西哥特国王阿陶尔夫结盟，后者承认其帝位。但双方很快产生了矛盾，阿陶尔夫向本欲投靠约维努斯的西罗马将领萨鲁斯发动了进攻，并杀死了后者，而约维努斯在未顾及阿陶尔夫的情况下单方面将其兄弟立为共治皇帝。于是，受到冷落的阿陶尔夫转而与霍诺留结盟，并击败了约维努斯的军队。约维努斯受困于瓦朗斯（Valence），最终被阿陶尔夫俘获，后被处死。——译者注

　　① 埃拉克里安努斯（Heraclianus，370前后—413）：西罗马帝国霍诺留时期的军事将领，曾于408年8月奉霍诺留之命将斯提里科处死。409年，担任阿非利加扈从将军的埃拉克里安努斯支持拉文纳朝廷对抗篡位者布里斯库斯·阿塔鲁斯（Priscus Attalus），并拒绝向阿塔鲁斯提供粮食。之后，随着曾为斯提里科属下的弗拉维乌斯·君士坦提乌斯不断升迁，埃拉克里安努斯和拉文纳朝廷之间的矛盾加剧，于是他便暂停了对意大利的粮食供给，并组织军队进攻罗马，但最终失败。埃拉克里安努斯在逃往阿非利加之后被俘，弗拉维乌斯·君士坦提乌斯下令将其斩首。——译者注

412 年至 413 年间，哥特人离开意大利向高卢南部进军，并在那里占领了马西利亚（Massilia，今马赛）、布尔迪加拉（Burdigala，今波尔多）和纳博（Narbo，今纳博讷①）等享有盛名的古城。霍诺留被迫再度与哥特人议和，还把他的同父异母妹妹加拉·普拉西提阿许配给了阿陶尔夫。但是阿陶尔夫在 415 年便遇害身亡，担任大元帅的君士坦提乌斯在 416 年战胜了由新国王瓦利亚②领导下的哥特人军队。这一战功使他得以迎娶刚成为寡妇不久的加拉·普拉西提阿，两人因此次婚姻生下的儿子便是日后在位三十年并享有奥古斯都头衔的皇帝瓦伦提尼安三世（425—455 在位）。418 年，君士坦提乌斯

---

① 纳博讷（Narbonne）：法国南部奥德省城市，曾是罗马共和国第一处位于意大利以外的殖民地，后来罗马以此城为首府设立了高卢—纳博讷西斯行省（Gallia Narbonensis）。——译者注

② 瓦利亚（Valia，？—418）：415 年，西哥特国王阿陶尔夫死于部族内部争斗，继任者西格里克（Sigerich，？—415）仅统治七天便被杀害，于是瓦利亚即位。416 年，被弗拉维乌斯·君士坦提乌斯击败且面临饥荒的西哥特人与西罗马帝国签订了和平条约。西哥特人由此得以从西罗马帝国得到粮食，作为回报，他们须送回加拉·普拉西提阿，并进攻盘踞在西班牙的汪达尔人、阿兰人和苏维汇人。瓦利亚遵守约定，在送还加拉·普拉西提阿后便先后击败汪达尔人和阿兰人。418 年，瓦利亚猝死于正在营建之中的西哥特王国新都托罗萨城。后来成为西罗马帝国大元帅的里西梅尔就是瓦利亚的孙子。——译者注

最终将高卢南部划归西哥特人作为定居之所 [在瓦利亚死后，狄奥多里克（Theoderid）成为新任西哥特国王]，于是这一决定便奠定了托罗萨时期西哥特王国（regnum Tolosanum）①的基础，该王国也成了第一个在罗马帝国领土之上长期存在的非罗马政权。哥特人所获得的土地包括先前的第二阿奎塔尼亚②行省，以及与之相邻的第一纳博讷西斯行省③和诺文波普拉纳行省的部分地区，

---

① 西哥特王国的历史可分为两个时期，其中418年至507年王国的统治中心位于高卢西南部，并以托罗萨为都城，因而又被称为"托罗萨时期"；507年，法兰克国王克洛维攻占了托罗萨城，托罗萨时期遂告终结，而后王国的中心移至伊比利亚半岛，并定都托莱多，所以这一时期又被称为"托莱多时期"。711年，阿拉伯帝国侵入伊比利亚半岛，灭亡了西哥特王国，"托莱多时期"结束，但王国的其他地区，零星的抵抗一直持续到725年。——译者注

② 第二阿奎塔尼亚行省（Aquitania Secunda）：戴克里先皇帝在对帝国行政区划的改革中将高卢地区的阿奎塔尼亚省一分为三，分别是位于东部、包括今法国中央高原和贝里（Berry）地区的第一阿奎塔尼亚行省（Aquitania Prima），位于西部、介于卢瓦尔河与吉伦特河口之间的第二阿奎塔尼亚行省，以及位于加龙河与比利牛斯山之间的诺文波普拉纳行省（Novempopulana，又称第三阿奎塔尼亚行省）。——译者注

③ 第一纳博讷西斯行省（Narbonensis Prima）：原为位于今法国南部的高卢—纳博讷西斯行省的一部分。在戴克里先皇帝对帝国行政区划的调整中，高卢—纳博讷西斯行省的北部独立为维

其中还有托罗萨城（Tolosa，今图卢兹）。由此形成的哥特王国在古典时代晚期西方世界转型的过程中有着重要的意义，因为它作为罗马帝国的继承者保留部分罗马时代的遗产。后来，在原先作为西罗马帝国同盟而得到的领土基础上，西哥特王国又逐步扩张成了一个统辖高卢和西班牙的帝国，并在国王尤里克（Eurich，466—484）的治下达到极盛，直到507年被克洛维（Chlodwig）领导下的法兰克人击败，并丧失了高卢南部的领土。鼎盛时期的西哥特王国将沿用下来的（罗马）通俗法①编纂成册，其在法典编纂和宗教政策上所取得的成就不仅影响了古典时代，而且延及后来的中世纪。罗马帝国晚期的元老院贵族中有一部分人担任了主教并由此在社会政治上发挥了重要的领导作用，尽管他们坚持对哥特人采取抵抗的立场，但哥特人也在一定程度上成功地使得原来这些精英阶层融入他们的行政机构之中，并建立起

耶涅西斯行省（Viennensis）。不久，高卢—纳博讷西斯行省又被一分为二，其中罗纳河以西为第一纳博讷西斯行省，以东则为第二纳博讷西斯行省（Narbonensis Secunda）。——译者注

① 通俗法（Vulgarrecht）：又译"粗俗法"，戴克里先皇帝之后的罗马法律。因当时古典罗马法所涉内容广泛，且不少内容难以应用，所以通俗法对其进行了高度简化。罗马通俗法对后来日耳曼人国家的法律体系产生了重大的影响。——译者注

了由哥特人和罗马人组成的教会组织。

让我们暂且先回到霍诺留皇帝在位的最后几年。虽然霍诺留至少在理论上仍然坚称自己是罗马帝国普世治权的继承者，但事实上，西罗马帝国的分崩离析已是愈演愈烈。比如，在5世纪的编年史和6世纪的史籍中就曾记载，正是在霍诺留在位期间，罗马帝国彻底丧失了对不列颠的统治。就算不列颠直到5世纪30年代或40年代初才最终脱离帝国的统治，但明确无疑的是，早在霍诺留时期，帝国对不列颠充其量也只是零星的控制而已。帝国的统一岌岌可危，虽然最后仍有能力捍卫统一的大元帅君士坦提乌斯在421年2月被赋予了奥古斯都的头衔，且他的妻子加拉·普拉西提阿也随之成为皇后，但他却于421年秋就撒手人寰。当423年8月霍诺留也突然驾崩之时，西罗马帝国一时间没有了经过指定的皇位继承人。从理论上讲，此时东西帝国重归统一便成了可能，但事实上这种可能却并不现实①。在经历了一段

---

① 因霍诺留没有子嗣，所以此时的东罗马帝国皇帝、霍诺留的侄子狄奥多西二世（Theodosius II.）就成了霍诺留的合法继承人，在理论上可同时统治西罗马帝国。但数十年以来，至少有两位皇帝分治帝国东西的做法已经成了惯例，而狄奥多西二世或是因为缺乏合适的候选人，又或是想自己独掌帝国大权，所以一直犹豫不决，未能及时册立新的西部帝国皇帝。——译者注

时期的皇位空缺和帝国官员约翰内斯（Johannes，423年11月至425年6月在位）在罗马篡位自立的事件之后，君士坦提乌斯三世和加拉·普拉西提阿出生于419年的儿子——瓦伦提尼安三世在君士坦丁堡的支持下（于425年10月23日）继承了西罗马帝国的皇位，成为名义上的皇帝，因为事实上把持朝政的除了他的母亲之外，还有帝国的诸位大元帅。弗拉维乌斯·菲力克斯①掌控朝局直至430年。433年至454年间，出身于摩西亚②的弗拉维乌斯·埃提乌斯（Flavius Aëtius）成了主导朝政的大元帅，他并非日耳曼人，这倒成了罗马帝国晚期的一大例外。第三位跻身这一行列的人物便是身为阿非利加扈从将军的博尼法丘斯③，他曾一度与埃提乌斯争

---

① 弗拉维乌斯·菲力克斯（Flavius Felix，？—430）：史书对于这位西罗马帝国大元帅的记载语焉不详，据称他曾对年轻的瓦伦提尼安三世皇帝产生重要的影响，同时也是备受加拉·普拉西提阿信赖的大臣。425年，菲力克斯被任命为西罗马帝国的最高统帅（magister utriusque militae），统御意大利军队，同时，他又是弗拉维乌斯·埃提乌斯和博尼法丘斯的竞争对手。430年5月，菲力克斯在拉文纳被哗变的军团杀害，而其背后主使可能就是埃提乌斯。——译者注

② 摩西亚（Moesien）：巴尔干半岛北部的罗马帝国行省，位于今塞尔维亚和保加利亚境内。——译者注

③ 博尼法丘斯（Bonifatius，？—432）：原为君士坦提乌斯

夺大元帅一职，但却于 432 年去世。瓦伦提尼安三世在位长达三十年，从表面上看来，帝国的统治秩序似乎重新得到了恢复，但事实上帝国的瓦解却丝毫没有停止。比如上文提及的博尼法丘斯就有一项备受质疑的功绩：他曾邀请自 409 年起就定居于西班牙的汪达尔人进入阿非利加，希望借其力量巩固自身地位，从而扩大自己对朝廷的影响。但这一打算最终被证明是一厢情愿，因为当汪达尔人于 429 年出现在阿非利加时，他们只是遵照自身的利益行事。尽管汪达尔人在 435 年签订的盟约中获得了新的定居土地，但他们在 439 年入侵阿非利加资深执政官行省①，并占领了迦太基，建立了自己的帝国，

三世的属下，413 年在防守马赛的战斗中击败由西哥特国王阿陶尔夫率领的军队，并重伤阿陶尔夫。423 年，博尼法丘斯拒绝追随篡位者约翰内斯，转而支持瓦伦提尼安三世和加拉·普拉西提阿。在对约翰内斯的内战中，博尼法丘斯出力最多，在战后却并未得到相应的犒赏。之后，博尼法丘斯与西罗马朝廷的关系逐渐恶化。429 年，他违抗朝廷命令，拒绝返回意大利，由此被菲力克斯宣布为人民公敌（hostis publicus）。之后，博尼法丘斯在非洲的战争中重新巩固了自己的地位。在弗拉维乌斯·埃提乌斯独掌西罗马朝政之后，博尼法丘斯于 432 年被重新召回拉文纳，并得到加拉·普拉西提阿的重用，以遏制权势如日中天的埃提乌斯。虽然博尼法丘斯得以在里米尼附近的战役中战胜埃提乌斯，但却因此身负重伤，并在三个月后不治而亡。——译者注

① 阿非利加资深执政官行省（Africa Proconsularis）：公元

139

直到 6 世纪才被查士丁尼皇帝麾下的统帅贝利萨留①攻灭。在西班牙，苏维汇人占据了该行省的大部分土地，在帝国北方和西方，法兰克人、阿兰人和勃艮第人也成功迫使西罗马朝廷承认了其各自的领土要求。至于匈人则成了埃提乌斯在采取军事行动时的首要盟友，比如在他针对定居于沃尔姆斯附近的勃艮第人的战争中就是如此。之后的尼伯龙根传说便源于 5 世纪 30 年代中期的这一系列事件。在这一时期，匈人和西哥特人同为一丘之貉，并无二致：作为援兵应召而来的匈人很快就原形毕露，他们并非只是前来助战的良善之师，罗马人也无法再度摆脱他们。尽管埃提乌斯许诺将潘诺尼亚的部分土地分配给匈人，但他们很快就不再仅仅满足于此。于

前 27 年由奥古斯都皇帝设立，首府为迦太基。奥古斯都将帝国行省分为皇帝行省和元老院行省，其中元老院行省的长官为资深执政官（Prokonsul），由元老院任命，任期一年。在罗马共和国时期，资深执政官最初指原本一年任期得到延长的执政官。戴克里先皇帝将原有的阿非利加资深执政官行省一分为三，即今突尼斯北部的阿非利加资深执政官行省、今突尼斯南部的拜扎凯纳行省（Byzacena）和今利比亚西海岸的黎波里塔尼亚行省（Tripolitania）。——译者注

　　① 贝利萨留（Belisar，505—565）：东罗马帝国查士丁尼大帝时期的著名将领，灭亡了汪达尔王国和东哥特王国，东罗马帝国的疆域由此一度达到极盛。——译者注

是，匈人在其国王阿提拉（Attila）的率领下于 451 年向西进军，众多蛮族部落也纷纷加入这场远征之中。与此同时，埃提乌斯也召集了众多蛮族同盟结成大军，准备应战。同年，著名的沙隆平原战役（Schlacht auf den Katalaunischen Feldern，特鲁瓦与沙隆马恩河畔之间）爆发，最终埃提乌斯统率的联军取得了微弱优势。于是，匈人退兵意大利北部，并在那里一路大肆劫掠，最后撤回蒂萨河①地区。453 年阿提拉去世之后，匈人在那里原本就颇为松散的统治也很快土崩瓦解了。

437 年，瓦伦提尼安三世迎娶了东罗马皇帝狄奥多西二世之女李锡尼娅·欧多克西娅②。在这之前，他几

---

① 蒂萨河（Theiß）：多瑙河最大的支流，发源于乌克兰喀尔巴阡山脉，流经罗马尼亚、斯洛伐克、匈牙利和塞尔维亚。——译者注

② 李锡尼娅·欧多克西娅（Licinia Eudoxia，422—462 后）：与瓦伦提尼安三世早在 424 年就已订婚，当时欧多克西娅才两岁，瓦伦提尼安三世也才五岁。455 年瓦伦提尼安三世被弑之后，欧多克西娅被强迫嫁给继任的皇帝佩特罗尼乌斯·马克西穆斯，以确保其帝位的合法性，她的女儿欧多西娅（Eudocia）则嫁给了马克西穆斯之子、身为恺撒的帕拉狄乌斯（Palladius）。而早在 442 年罗马人与汪达尔人所签订的和约中，欧多西娅就被许配给了汪达尔国王盖萨里克之子匈涅里克（Hunerich）。于是，盖萨里克以马克西穆斯篡位并撕毁和约为由，进兵罗马，并在撤退时掳走了欧多克西娅和欧多西娅。462 年左右，东罗马帝国几经周折，在

平从未有过主动参与管理帝国朝政的表现。因此，如果将426年著名的援引法（Zitiergesetz）首倡之功记在他身上，那么就大错特错了。其实该法律是在瓦伦提尼安三世的母亲加拉·普拉西提阿的倡议下制定颁行的。在古典时代晚期，东罗马帝国的文官首先开展了对自相矛盾的法律条文进行清理修改的著名工作，由此也推动了这一时期法典的编纂与出版。而援引法正是在这一背景下颁布的，其旨在以明确的标准界定由古代法学家所制定的古典法律的适用范围。

《狄奥多西法典》收录了数量相当之多的以瓦伦提尼安三世名义所颁布的各项法令，这些法令与其说展现了帝国中央政府坚强有力的权威，倒不如说是拉文纳朝廷穷途末路、垂死挣扎的明证。瓦伦提尼安三世在位时期仅展现过一次他的个人决断，而这一举动最终却造成了灾难性的后果。为了加强自身的皇权，他别有用心地亲手杀死了埃提乌斯（454年9月），而正如6世纪的史学家普罗科匹厄斯所传言的那样 [《汪达尔战争》

支付了大量赎金之后终于迎回了欧多克西娅，但她的女儿欧多西娅则留在了北非，并为汪达尔王室生下一子，名为希尔德里克（Hilderich），后者作为西罗马帝国皇帝瓦伦提尼安三世的外孙后来成了汪达尔王国的国王。——译者注

(*Bellum Vandalicum*)，第 1 卷，第 4 章，第 28 节]，瓦伦提尼安三世由此自毁长城。因为埃提乌斯在此之前不仅仅是皇帝最为得力的干将，同时也是罗马朝廷与非罗马同盟部族最为重要的联络者，他凭借个人的威望本来至少可以在一定程度上维持住这一多事之地的稳定局面。果不其然，这一变故很快在同盟部族中引起了不满和动荡，达尔马提亚的军队宣布脱离瓦伦提尼安三世，随后在 455 年 3 月 16 日，埃提乌斯的两个部下弑杀了皇帝。瓦伦提尼安三世的第一位继任者是罗马城的元老院元老佩特罗尼乌斯·马克西穆斯①，然而他的统治只是昙花一现，很快便于 455 年夏天归于终结，这是因为当时埃提乌斯的遇害引发了汪达尔人再次入侵并攻陷罗马，于是古都再度遭受洗劫，而汪达尔人也自此成了烧杀抢掠、无恶不作的代名词②。之后登上皇位的是阿维

_____

　　① 佩特罗尼乌斯·马克西穆斯 (Petronius Maximus，396—455)：出身于罗马贵族豪门，曾两次担任罗马城市长官和意大利禁卫军长官辖区的首长，曾为埃提乌斯党羽。455 年 3 月 17 日，既无战功又无军队作为后盾的佩特罗尼乌斯·马克西穆斯利用埃提乌斯和瓦伦提尼安三世死后出现的权力真空登基称帝，但他却无法取得罗马城民众的支持。汪达尔人大军压境之后，马克西穆斯逃出罗马，并于同年 5 月 31 日被杀，西罗马帝国自此便进入了一段皇位频繁更迭的动荡时期。——译者注

　　② 在西方语言中，以汪达尔人之名为词根而派生出的抽象

图斯（Avitus），他是高卢元老院贵族的一员，曾任佩特罗尼乌斯·马克西穆斯皇帝的大元帅。他短暂的统治（455年7月9日至456年晚秋）也充斥了汪达尔人持续不断的进军劫掠事件，当时，这一部族在盖萨里克①的率领下，频繁地从北非出发，侵入意大利。这种状况一直持续到456年，有着最为高贵的苏维汇—西哥特人血统的弗拉维乌斯·里西梅尔（Flavius Rikimer）取得了对汪达尔人作战的胜利，随即被阿维图斯任命为大元帅，以示嘉

名词，比如德语的"vandalismus"、英语的"vandalism"等，即为破坏、摧残、蹂躏之意。——译者注

① 盖萨里克（Geiserich，约389—477）：北非汪达尔王国的建立者，自428年至477年任汪达尔国王。429年，汪达尔人与阿兰人一起从西班牙迁往罗马帝国的战略要地北非，并击败了当时的阿非利加晨从将军博尼法丘斯，攻陷了希波城（Hippo Regius，今阿尔及利亚安纳巴市）。439年，盖萨里克趁罗马人被西哥特人击败之际，攻占了迦太基城。442年，瓦伦提尼安三世承认盖萨里克作为汪达尔国王的地位。尽管北非在名义上仍旧是罗马帝国的领土，但实际上却与割据的独立王国无异，并对西罗马帝国造成了巨大威胁。自440年起，盖萨里克曾多次干预西罗马帝国内政，并几度中断对意大利的粮食供应。此外，盖萨里克还建立起强大的海军，并于460年大败西罗马帝国的西班牙舰队。468年，盖萨里克击退东西罗马帝国的联合登陆行动。474年，盖萨里克与东罗马帝国芝诺皇帝签订盟约，后者承认盖萨里克及其合法后代在迦太基的统治大权。——译者注

奖。在之后的数年里，里西梅尔继斯提里科和埃提乌斯之后，在相当程度上主宰了国势衰微的西罗马帝国的国运，直到他去世（472年8月19日）。而里西梅尔手下的第一个牺牲品，便是当年将其晋升为大元帅的阿维图斯皇帝：因为阿维图斯作为奥古斯都的地位未能获得君士坦丁堡方面的承认，此外他在意大利也并不受人欢迎①，所以里西梅尔认为应当将其废黜。于是，在里西梅尔的支持下，军官出身的马约里安②登基称帝，但其

---

① 在阿维图斯统治时期，由于盖萨里克中断了对罗马的粮食供应，罗马城爆发了严重的饥荒，此外，当时驻扎在罗马周边的蛮族盟军也急需军粮。为了应对饥荒，阿维图斯下令解散这些军队，但他仍需支付大量的钱财给被遣散的士兵作为报酬，于是阿维图斯便命人将罗马城内外的大量青铜雕像熔化用以铸成钱币支付给蛮族士兵，而这一举动更是大大激怒了深受饥馑煎熬的罗马市民。与此同时，随着以哥特人为主体的蛮族军队的解散，阿维图斯失去了向市民施压的坚强后盾。此外，里西梅尔也不同意阿维图斯解散军队的举动，于是他审时度势，与部分元老院成员和军官马约里安结成同盟，意欲废黜阿维图斯。后者试图逃亡到其高卢故地寻求支持，但他的西哥特人同盟此时正忙于在西班牙的战事，无暇东顾。456年10月，阿维图斯在皮亚琴察附近被迫退位，并成了皮亚琴察的主教，但这最后也没能使他免于死亡。阿维图斯死于456年末或457年，其死因有多种版本，至今不甚明了。——译者注

② 马约里安（Maiorian，？—461）：西罗马帝国时期少见的颇有作为的皇帝。在内政上，他颁布法令，免除地主拖欠的税

145

在位仅四年（457—461）便失去了里西梅尔对他的好感，并被后者所杀。之后，里西梅尔便让意大利元老院议员利比乌斯·塞维鲁①（461—465 在位）继承帝位。这位皇帝最后也很可能是被里西梅尔所鸩杀。在之后相当长的一段时间内，西罗马帝国的皇位因缺乏合适的继承人而一直空悬，直到安特米乌斯②（467—472 在

款，并明令禁止政府官员私自征税。另外，他还十分重视对罗马古迹的保护，制定法律对破坏文物者予以严惩。在军事上，他击退了汪达尔人对意大利本土的洗劫，成功地遏制了西哥特人和勃艮第人在高卢的攻势，之后又进军西班牙，希望从那里出发收复阿非利加行省。然而，在 460 年，帝国的三百余艘战舰在西班牙卡塔赫纳（Cartagena）附近遭到汪达尔人偷袭，全军覆没。461 年，马约里安在返回罗马后遭遇政变被废，后被处死。——译者注

① 利比乌斯·塞维鲁（Libius Severus，?—465）：长期处于里西梅尔控制之下的傀儡皇帝，其帝位并未获得东罗马帝国皇帝利奥一世及高卢和达尔马提亚大元帅的承认。另外，在他统治时期，汪达尔人再度开始侵扰意大利沿岸。——译者注

② 安特米乌斯（Anthemius，约 420—472）：出身于贵族世家，东罗马皇帝马尔西安的女婿。他曾任大元帅，并在多瑙河畔击退过哥特人和匈人。465 年，利比乌斯·塞维鲁死后，西罗马帝位一度空置，于是，东罗马皇帝利奥一世便在名义上遥领西罗马朝廷。467 年，里西梅尔请求利奥一世指定西罗马皇帝，后者便派安特米乌斯前往意大利继承皇位。468 年，东西帝国联军讨伐盖萨里克遭遇惨败，这一事件严重动摇了安特米乌斯的统治。另外，在宗教政策上，安特米乌斯对于异教甚为宽容，并试图对罗马教会加以控制，因为当时在东罗马帝国，皇帝本就高于君士坦丁堡

位）即位称帝。这位皇帝在里西梅尔看来至少具有获得君士坦丁堡支持的优势，这样一来就可以期望得到东罗马帝国的援助，而这对于拉文纳和罗马方面而言是对抗蛮族的最后一线希望。因为在当时，意大利几乎每年都不得不忍受汪达尔人的袭扰侵犯。此外，来自阿非利加行省的粮食对帝国残存的意大利核心领土而言也恰恰具有事关生死的意义。于是，在468年，东西帝国最后一次组成联军征伐盖萨里克，但最后却铩羽而归。结果，罗马帝国只得再度与汪达尔人签订一系列条约，并不得不接受其中丧权辱国的条款。472年7月，安特米乌斯被弑，之后不久里西梅尔也去世，于是里西梅尔的侄子，杀害安特米乌斯的贡多巴德（Gundobad）继承了大元帅一职，并立格利凯里乌斯[①]（473—474在

牧首，而这一做法在西罗马帝国却不可避免地导致皇帝和罗马主教之间关系的紧张。468年，西罗马帝国陷入财政危机，但安特米乌斯仍然坚持用兵高卢南部，以战胜尤里克领导下的西哥特人，但最终败北。之后，安特米乌斯与里西梅尔之间的矛盾日益激化，后者曾两度率军攻打安特米乌斯，并于472年推举奥利布里乌斯（Olybrius，？—472，仅在位七个月）称帝，同年，里西梅尔攻陷罗马，安特米乌斯被处死。——译者注

   [①] 格利凯里乌斯（Glycerius，约420—480后）：曾任皇帝御林军的长官（comes domesticorum）。和马约里安、安特米乌斯类似，格利凯里乌斯在位期间亦试图摆脱大元帅的控制，亲自参

位）为帝，但后者的统治不久便迅速崩溃，贡多巴德也随即放弃了大元帅一职，因为他更愿意登上勃艮第国王的宝座。没有什么能够比上述频繁的皇位更迭更能说明西罗马帝国内斗不止的状况了。此时，君士坦丁堡方面将达尔马提亚大元帅尤里乌斯·尼波斯（Iulius Nepos）立为西罗马帝国皇帝，后者于474年在罗马紫袍加身，正式登基。然而这位皇帝也只能因循旧习，任命潘诺尼亚人欧瑞斯特（Orestes）为新的最高元帅（Generalissimus），并令其无论如何都要为西罗马帝国保住高卢行省所残存的一小片领土。但是欧瑞斯特却有着自己的打算，他将尤里乌斯·尼波斯驱逐出罗马，并立自己的儿子罗慕路斯 [Romulus，别名为"奥古斯都路斯（Augustulus）"，意为"幼帝"] 为新帝。罗慕路斯·奥古斯都路斯之名之所以能够传之后世，是因为一件必然发生的偶然事件：说其偶然是因为罗慕路斯·奥古斯都路斯恰好成了最后一位登上西罗马帝国

政并制定决策。473年，他成功击退了西哥特人对意大利的进攻。然而，格利凯里乌斯的帝位从未得到东罗马皇帝利奥一世的承认，后者立尤里乌斯·尼波斯为西罗马皇帝。474年6月，尼波斯率军在意大利登陆。由于此时大元帅贡多巴德已经返回故地勃艮第王国，失去军事支持的格利凯里乌斯被迫退位，并前往达尔马提亚的萨罗纳城担任主教。——译者注

皇位的君主，但他最后被蛮族盟军所废却绝非偶然，因为在帝国最后的数十年中，并非由皇帝任命大元帅、而是由大元帅册立皇帝的这一嬗变，最终必将导致以上结果。罗慕路斯·奥古斯都路斯遭到废黜的直接原因在于，其父欧瑞斯特拒绝满足一支蛮族盟军要在意大利取得定居土地的要求，而统领该军队的便是具有西里人①和图林根人②血统的军官奥多亚塞（Odoaker）。西罗马皇帝被废之后，奥多亚塞便被正式宣布为意大利国王（rex Italiae，476 年 8 月 23 日），他杀死了欧瑞斯特，并把罗慕路斯·奥古斯都路斯送到了那不勒斯附近的一处庄园。

---

① 西里人（Skiren）：中欧东部的日耳曼部族，公元前 200 年左右，西里人迁入黑海沿岸地区。381 年左右，西里人入侵罗马帝国失败，后在 5 世纪被匈人所征服。453 年阿提拉去世后，西里人曾在匈牙利大平原地区建立过短暂的王国。469 年，西里人王国灭亡之后，部分西里人随哥特人一起向西迁移，另一部分则归附罗马帝国成为盟军。——译者注

② 图林根人（Thüringer）：西日耳曼部族，5 世纪初被匈人征服。阿提拉去世后，图林根人脱离匈人统治获得解放。第一位见于史籍的图林根国王为毕西努斯（Bisinus），其约在 500 年前后在位，当时图林根王国北至易北河中游，向南越过美因河，甚至可到达多瑙河。531 年，图林根王国被法兰克王国灭亡。后来的地名"图林根（Thüringen）"即源于该族名。——译者注

西罗马帝国究竟是灭亡于 476 年，还是要到 480 年栖身于达尔马提亚的尤里乌斯·尼波斯死亡才算寿终正寝，这归根到底是一个颇有争议的学术问题。无论如何可以确定的是，对于当时的人而言，476 年显然是一个重大转折之年。查士丁尼时代的编年史作者马尔切利努斯·科梅斯（Marcellinus Comes）冷静客观地写道 [《古典时代晚期编年史残片汇编·第二卷》（*Chronica Minora II*），第 91 页]："在这位奥古斯都路斯统治时期，罗马民族的西部帝国最终灭亡。"这样的行文听上去既不具有戏剧性，也无丝毫悲剧色彩可言——但是，西罗马帝国的终结究竟能否理解为是一场悲剧呢？"悲剧……以世界已然形成为前提，而喜剧中的世界……则尚未成形，它处于变动与倾覆之中，并且最终将被抛弃……"（弗里德里希·迪伦马特[①]，《戏剧问题》）。因此，在这位现代剧作家的笔下，西罗马帝国末代皇帝在位的最后一日并未被设计成如英雄般为帝国而战的"无上荣耀的结局（finale glorioso）"，而是被塑造成一位养鸡人"荒诞不经

[①] 弗里德里希·迪伦马特（Friedrich Dürrenmatt，1921—1990）：瑞士著名剧作家、小说家，代表作有戏剧《罗慕路斯大帝》《当天使来到巴比伦》《物理学家》，小说《隧道》《法官与刽子手》等。——译者注

的结局（finale curioso）"：

"奥多亚塞：我们之间已经没有其他事情了。

罗慕路斯：你要对我做什么？

奥多亚塞：我要让你退休。

罗慕路斯：让我退休？

奥多亚塞：这是我们唯一的出路。

沉默。

罗慕路斯：退休大概是我可能遇上的最可怕的事情了。

奥多亚塞：你可别忘了，我也面临着这最可怕的事情呢。你必须宣布我为意大利国王（……）

罗慕路斯：君临天下之时的荒年歉岁结束了。你将在这里得到桂冠和皇袍。帝国之剑在放农具的地方，而元老院则在罗马的地下墓穴之中。"（弗里德里希·迪伦马特，《罗慕路斯大帝》①，第四幕）。

---

① 《罗慕路斯大帝》（*Romulus der Große*）：弗里德里希·迪伦马特以罗马帝国灭亡为主题所创作的喜剧，1949年首演。该剧演绎了476年3月15日至16日发生在西罗马末代皇帝罗慕路斯·奥古斯都路斯位于坎帕尼亚行官中的故事。在这部喜剧中，迪伦马特对历史人物重新进行了诠释。罗慕路斯·奥古斯都路斯甚至主动促成西罗马帝国的灭亡，因为他蔑视罗马帝国充满血腥的历史，

历史上的奥多亚塞自然没有去放农具的仓库，因为他并不需要皇袍，恰恰相反的是，他派人把皇袍送回了君士坦丁堡，并以此暗示帝国西部再也不需要皇帝了。同样地，元老院议员们也并未葬身地下墓穴之中——我们依然能在地上世界的罗马城找到他们的踪迹，因为476年之后那里仍然还有人担任城市长官和执政官，另外，在西班牙、阿非利加和高卢也是如此。在这些地方，他们将罗马的教化与生活方式中的要义都保留了下来，此外，他们还占据了那些最为显赫的主教职位，并以这种方式将看似断裂的历史延续下来。因此，西罗马帝国的灭亡绝非意味着以罗马为代表的古典时代在西部的终结，而历史人物也依旧完全在罗马时代所设定的范畴内扮演着自身的角色。比如奥多亚塞仍然将尤里乌斯·尼波斯视为合法的罗马皇帝，直到后者于480年逝世。当时由奥多亚塞下令铸造的钱币就是毫无疑义的明证，因为上面仍旧铸印了尼波斯的头像。另

并期待日耳曼人入侵能够终结帝国残暴的统治。而蛮族首领奥多亚塞则对战争充满厌恶，他只是因其部族民众和侄子狄奥多里克的压力而被迫入侵罗马而已，并且他内心极为倾慕罗马文明。——译者注

外，部分由奥多亚塞下令发行的铜币和银币还带有"奉元老院之令 [S(enatus) C(onsulto)]"的缩写字样，由此，数百年之久的皇权体制也以这种形式得到了延续。除此之外，原有的官职头衔也得到了保留，比如大元帅（magistri militum）或最高财政大臣（comes sacrarum largitionum）。但是另一方面，奥多亚塞所建立的王国也具有纯粹的日耳曼元素，这便象征着从古典时代晚期到中世纪早期的过渡。因此，并没有突如其来的终结，也没有焕然一新的开始，从古典时代晚期的西部帝国到中世纪早期的日耳曼世界，这是一个渐进的转型过程，而且这一过程还始终深受罗马的影响。

在转型进程中，东哥特人发挥了重要的作用。这一最初被称为格罗伊通恩人（Greutungen）或奥斯特洛哥特人（Ostrogothen）的部族曾于 4 世纪定居在今乌克兰一带，之后被匈人所征服，于是其大部分随匈人一起向西迁移。在沙隆平原战役中，作为阿提拉领导下的匈人的同盟，东哥特人曾与埃提乌斯统领下的西哥特人盟军对战，并在战后得到了位于潘诺尼亚行省的定居地。从大约 456 年和 457 年间到 473 年，东哥特人逐步在潘诺尼亚行省建立起自己的帝国，他们几度背弃与东罗马帝国的盟约，又几度与后者改订和更换盟约，由此至多可以算是君士坦丁堡东罗马皇帝的松散同盟。474 年，狄奥多里克获得了东哥特国王的尊号。在接下来的几年中，狄奥多里克领导东哥特人在整个巴尔干半岛东征西讨，直捣希腊。于是，在 483 年，东罗马帝国朝廷不得不对狄奥多里克做出让步，而后者也因此于 484 年 1 月 1 日在君士坦丁堡就任正式执政官[①]一职。但是不久之后，奥多亚塞在多瑙河流域与得到东罗马帝国支持的鲁基人[②]起了争端，于是君士坦丁堡朝廷便认为，可以利用这一绝佳机会将向西进军，讨伐奥多亚塞的这一光荣任务交托给狄奥多里克，而这样一来就可以轻而易举地摆脱他了。因此在 488 年至 489 年间，有大约十万东哥特人（其中约有两万名士兵）开始向

[①]　正式执政官（consul ordinarius）：执政官（consul）是罗马共和国时期最高的民政和军事长官。每年由罗马人民选举产生两位执政官，任期为一年。从公元前 153 年起，执政官于每年 1 月 1 日就职，他们所当政的年份也以他们的姓名来命名。在罗马帝国时期，执政官逐步成为代表最高荣誉的虚衔，且任期往往仅有数月，因此在当时，获得任期为一年的正式执政官的头衔便被视为一种殊荣，而且当年也将以执政官的姓名来进行纪年。——译者注

[②]　鲁基人（Rugier）：东日耳曼部族，原先定居于奥得河和维斯瓦河之间的区域。在欧洲民族大迁徙中，部分鲁基人归附匈人，之后又在今奥地利的下奥地利州建立了自己的国家。488 年，鲁基人归附狄奥多里克领导下的东哥特人，并随后者一起迁往意大利，推翻了奥多亚塞的统治。——译者注

意大利进发。489 年 8 月，（在日耳曼神话中被誉为"贝尔恩的迪特里希①"的）狄奥多里克和奥多亚塞首次对垒交锋，当年 9 月，两军在维罗纳（该城在古代英雄传说中被称为"贝尔恩"）附近第二次交战。在（亚拉里克二世②的）西哥特援军的支持下，狄奥多里克节节胜利，最终奥多亚塞只得逃往拉文纳，并在那里被狄奥多里克围困了两年有余。最后，奥多亚塞只好同意与狄奥多里克共治意大利。但不久之后，狄奥多里克设伏诱捕了他

---

① 贝尔恩的迪特里希（Dietrich von Bern）：德意志民族中世纪家喻户晓的传奇人物，有大量英雄史诗和散文以贝尔恩的迪特里希为主人公，另外他也是《尼伯龙根之歌》中的人物。根据这些传说，迪特里希为贝尔恩（维罗纳）国王之子，著名的军械师希尔德布兰德（Hildebrand）始终追随其左右。在他父亲死后，迪特里希成了贝尔恩国王，并成就了一系列英雄事迹。另外，除贝奥武夫（Beowulf）、齐格弗里德（Siegfried）及其父亲西格蒙德（Sigmund）之外，迪特里希还是少有的被赞颂为屠龙英雄的日耳曼传说人物。——译者注

② 亚拉里克二世（Alarich II. ？—507，484—507 在位）：尤里克之子，他虽信奉基督教阿里乌教派，却主张调和与尼西亚教派的冲突。此外，他还命人制定了《西哥特罗马法》（Lex Romana Visigothorum）。亚拉里克二世迎娶狄奥多里克大帝的女儿，由此东西哥特人结成同盟，并合力击败奥多亚塞。507 年夏，信奉基督教尼西亚教派的法兰克人在其国王克洛维一世（Chlodwig I.）的率领下击溃了西哥特军队，被俘的亚拉里克二世最后被处死。——译者注

的对手，并亲手将其杀害。此外，狄奥多里克还下令，奥多亚塞的所有亲属和他最为亲密的追随者，但凡能够抓到的，都一律处死。493年，狄奥多里克被他的军队拥戴为国王，并以弗拉维乌斯·狄奥多里库斯王（Flavius Theodericus Rex）的尊号统治哥特人和意大利半岛的原住民直到526年，此时西部帝国的帝制早已被废弃。然而，狄奥多里克治下的王国仍然在许多方面保留了罗马帝国的元素。他对罗马的元老院尤为尊崇，并和先前的罗马皇帝一样通过资助竞技比赛、捐赠粮食的方式来举办他统治的周年庆典，他的行政机构亦以罗马帝国时代为样本。此外，他还下令将他的头像铸印到钱币之上，并在其著名的《狄奥多里克敕令》（*Edictum Theoderici*）中对罗马法律进行改编。6世纪一位不知名的作家恰如其分地对狄奥多里克充满矛盾的政策进行如下描述："他同时统治了罗马人和哥特人这两个国家"（《维勒西安努斯的佚名编年史·第二卷》[①]，第60章）。此外，狄奥

[①] 《维勒西安努斯的佚名编年史》（*Anonymus Valesianus*）：由17世纪法国人亨利·瓦卢瓦（Henri Valois，1603—1676）于1636年编辑出版。全书共有两卷，第一卷记载了君士坦丁大帝时期从305年至337年的历史，第二卷则记录了从尤里乌斯·尼波斯起直到狄奥多里克大帝去世的这段时期的历史（474—526）。——译者注

多里克的宗教政策也表现出了这种矛盾的双重性。因为，尽管他个人倾向于基督教阿里乌教派，但他同时又对尼西亚教派颇为宽容，并予以支持。因此从表面上看，狄奥多里克似乎与君士坦丁大帝存在着诸多相似之处，而这也反映在逝世于 526 年 8 月 30 日的狄奥多里克在拉文纳所修筑的陵墓上。和君士坦丁大帝在君士坦丁堡的陵墓教堂一样，狄奥多里克也在陵墓中让自己位居十二使徒之列，并希望以此"能与使徒平起平坐，成为第二个君士坦丁"（赫维希·沃尔弗拉姆[①]）。

---

① 赫维希·沃尔弗拉姆（Herwig Wolfram，1934— ）：奥地利中世纪学专家，主要研究中世纪早期和中期的历史及古代日耳曼民族的历史，他出版于 1979 年的《哥特人史——历史民族志要略》（*Geschichte der Goten. Entwurf einer historischen Ethnographie*）成为该领域的权威读物，并多次再版。——译者注

第九章
从狄奥多西一世到查士丁尼
（395—565）：从罗马到拜占庭

　　狄奥多里克的逝世并不意味着统治意大利的东哥特王国就此终结。直到 6 世纪中叶，这个王国才被东罗马皇帝查士丁尼的大将和军队所攻灭。当时，君士坦丁堡的民众曾一度认为，东罗马帝国可以如狄奥多西大帝那样，再度缔造那个在 395 年后逐步沦丧的统一帝国。

　　395 年，狄奥多西一世驾崩之后，和西罗马帝国年幼的皇帝霍诺留受到斯提里科监护一样，在君士坦丁堡，霍诺留的兄长阿卡狄奥斯虽然当时已年满十七岁，但仍然无力亲政。他的父亲在 395 年讨伐尤吉尼乌斯之前为他安排的监护人是东部禁卫军长官辖区的首长鲁菲努斯，但鲁菲努斯早在 395 年 11 月便被士兵所杀。鲁菲努斯之后，身为宫廷宦官和皇宫总管的欧特罗庇厄斯①成了皇帝的顾问，权倾一时。但欧特罗庇厄斯最终无力对抗东部帝国的大元帅，并于 399 年被处死。这样一来，在君士坦丁堡也出现了异族出身的大元帅执掌大权的局面。这第一位大元帅便是东哥特人盖伊纳斯①。他本该

---

　　① 欧特罗庇厄斯（Eutropius，？—399）：东罗马皇帝阿卡狄奥斯时期的著名权臣，原为出生于罗马帝国东部边陲的奴隶，早年接受宫刑并先后侍奉多位军官。379 年前后，欧特罗庇厄斯进入狄奥多西一世的宫廷任职，后升任总管。在阿卡狄奥斯在位时期，欧特罗庇厄斯挫败了鲁菲努斯欲将其女嫁于年轻皇帝的计划，并促成了皇帝与另一位军官之女艾丽娅·欧多克西娅的婚姻。395 年，鲁菲努斯被杀，他和在西罗马帝国的宿敌斯提里科及欧特罗庇厄斯均可能牵涉其中。在欧特罗庇厄斯取代鲁菲努斯掌握大权之后，他极力打压大元帅在朝中的势力。398 年，面对三年前侵入叙利亚并大肆劫掠的匈人，欧特罗庇厄斯组织军队予以反击，并成功迫使匈人后撤至亚美尼亚和高加索以北地区。之后，欧特罗庇厄斯被任命为 399 年的执政官，并由此成为唯一一位获得执政官头衔的宦官，然而这一头衔未获得西部帝国承认。就在同一年，哥特人出身的大元帅特里比吉尔德试图举兵反叛，而另一位哥特人大元帅盖伊纳斯受命讨逆，但他却要求必须先褫夺欧特罗庇厄斯的一切官职。此外，得到阿卡狄奥斯求援的斯提里科也要求将欧特罗庇厄斯撤职，于是阿卡狄奥斯不得不屈服，他撤销了欧特罗庇厄斯的所有头衔，并下令将其处死。——译者注

　　① 盖伊纳斯（Gainas，？—400）：395 年，狄奥多西一世驾崩之后，斯提里科不得不将一部分军队交付东部帝国皇帝阿卡

159

劝服其同乡特里比吉尔德（Tribigild）理智行事，但最后却和他沆瀣一气，在小亚细亚一路劫掠，又在君士坦丁堡要求建立一座阿里乌派教堂，并由此造成了骚乱和动荡，最终亦死于非命。于是，东罗马朝廷又起用（东）哥特人弗拉维塔①，他不仅担任原属盖伊纳斯的大元帅一职，更就任 401 年的正式执政官。到目前为止，我们

狄奥斯，哥特人军官盖伊纳斯便是这一任务的执行者，而斯提里科也很可能借此机会向盖伊纳斯下达了谋杀鲁菲努斯的命令。尽管盖伊纳斯后来成功地除掉了鲁菲努斯，但东部帝国的大权却为欧特罗庇厄斯所攫取。399 年，盖伊纳斯可能与特里比吉尔德结成同盟，成功地扳倒欧特罗庇厄斯的势力。400 年，盖伊纳斯的军队在君士坦丁堡胡作非为，激起全城百姓的反抗。在这场动乱中，约有七千名哥特士兵被杀，而盖伊纳斯的军队也最终被大元帅弗拉维塔逐出首都。之后，盖伊纳斯率领余部公开叛变，在 400 年年底却被匈人所杀，匈人首领乌尔丁（Uldin）将其首级作为礼物献给君士坦丁堡。——译者注

　① 弗拉维塔（Fravitta, ？—约 402/403）：出身于东哥特特尔威根（Terwingen）部族。作为罗马帝国的盟军，该部落于 382 年受狄奥多西一世之命定居驻守于多瑙河下游。与其他蛮族将领相比，弗拉维塔一直忠于罗马帝国，并曾多次率军平叛，且致力于推动哥特人融入罗马帝国的进程。400 年，弗拉维塔将盖伊纳斯逐出君士坦丁堡，护驾立功之后，又率东罗马舰队在色雷斯击败了盖伊纳斯，阻断了后者驾船逃往小亚细亚的退路。作为褒奖，阿卡狄奥斯皇帝给予弗拉维塔继续举行异教崇拜仪式的特权。但弗拉维塔于 401 年获得执政官的头衔之后，便陷入宫廷内部的权力斗争，被诬陷叛国之罪，后遭处死。——译者注

所述的诸般事实都无不暗示着，东罗马帝国所面临的局面和米兰与拉文纳的情况大体相似。然而，到了 402 年至 403 年间，事态突然发生明显的转机。当时君士坦丁堡方面改弦易辙，决意推行反对日耳曼人的政策，因为东罗马朝廷无论如何不愿再被异族联军的头目所摆布，而这一状况在西部帝国将一直持续到皇权倾覆。这一政策转向首见于有关弗拉维塔被杀的记载中。而新政的坚定捍卫者则是出身于北非的新柏拉图主义哲学家和演说家叙奈西乌斯[①]（约 370— 约 413），他很可能在 399 年

---

① 昔兰尼的叙奈西乌斯（Synesius von Kyrene）：古典时代晚期的哲学家、作家和诗人，出生于今利比亚古城昔兰尼的一个贵族家庭。叙奈西乌斯在君士坦丁堡停留期间，用希腊语创作了《对统治者所作的有关帝王之统治的演讲》（*Eis ton autokrátora perí basileías*）一文，其拉丁语标题为《论帝王的统治》（*De regno*）。在这篇文章中，叙奈西乌斯将当时的东罗马皇帝阿卡狄奥斯作为其假想的演讲对象，并对他进行劝谏。史学界通常认为，由于《论帝王的统治》言辞直率犀利，因而叙奈西乌斯不太可能在皇帝本人面前做这样的演讲，否则恐有性命之忧。但如果他真的有幸在皇帝面前进行演讲的话，那么当时的文本必定与流传后世的文本有所不同。自 411 年或 412 年起，叙奈西乌斯担任了其故乡昔兰尼加行省（今利比亚东部）首府托勒密城（Ptolemais）的主教。他试图将新柏拉图主义与基督教信仰融合，这在他的圣诗和书信中多有体现，而这一尝试也使其在现代思想史研究中占有重要地位。——译者注

至 402 年作为其家乡行省的使者在君士坦丁堡停留。在此期间，他在朝臣面前做了题为《论皇权》的演说。当然，并不是叙奈西乌斯一人就促成了朝廷政策的转向，但至少他语出惊人，激扬自由的阐述很可能深深地感染了在场的听众，引起了他们的反思，甚至鼓舞了他们革新的勇气。与西部帝国的维格提乌斯一样，叙奈西乌斯也大力宣扬人们应当回归古代罗马的传统与美德："我们必须唤醒罗马之精神，并凭借自己的力量去争取胜利。因此，我们不能容忍任何与蛮族结盟的行为，而应当彻底将他们驱逐出去"[《论帝王的统治》（De regno），第 23 章，第 B 节]。叙奈西乌斯想要在他的帝范箴言中强调的，并不仅仅是对日常政事的拨乱反正，而更多的是要从根本上对罗马帝国晚期的帝王统治加以鞭笞，对奴颜婢膝、阿谀奉承的"拜占庭之风"①进行严厉谴责。在叙奈西乌斯看来，这时的皇帝闭目塞听，与世隔绝，只

---

① 不少西方语言都将繁文缛节、奢靡浮华乃至阿谀逢迎、卑躬屈膝的风气称为"拜占庭之风"（德语：Byzantinismus；英语：Byzantinism）。这一概念最初所影射的是东罗马帝国（后世学者往往将其称为"拜占庭帝国"）时期，围绕罗马皇帝所逐步发展而成的一系列繁复的宫廷礼仪，比如觐见帝王时的俯身跪拜之礼等，这些礼数后来被欧洲专制君主及奥斯曼土耳其帝国所效仿，甚至有过之而无不及。——译者注

是醉心于浮夸无用的奢靡华丽之中，并为奸佞之臣与谄媚之徒所包围。真正奋发有为的帝王，不应深居道德沦丧的宫闱之中，而应亲临军营、厉兵秣马、御驾亲征。这样的号召在今天看来也许脱离实际，但却是当时人们力图复兴重振古代理想与愿景的明证。几年之后，叙奈西乌斯甚至得以升任其北非故乡的主教一职。在这一时期，还有许多其他地方德高望重的乡绅与哲人成了主教，叙奈西乌斯可以说是他们之中的典型代表。正是这些有识之士通过其主教职务，将深受古典时代及希腊影响的传统保留到了古典时代之后，西部帝国出身于高卢—罗马贵族的诸位主教也有类似的作为。当然，这些人物对帝国政策的影响始终是有限的，因此，反对日耳曼人的政策在君士坦丁堡的首倡者并非叙奈西乌斯及与他志同道合的人物，而是那些执掌大权的朝廷大员，禁卫军长官辖区之首长奥勒里安努斯（Aurelianus）就是一例。除了军事困境之外，更令君士坦丁堡朝廷雪上加霜的是与之相关的宗教争端。在这方面，法兰克军官之女，自 395 年起成为阿卡狄奥斯皇后的欧多克西娅[①]也

[①] 艾丽娅·欧多克西娅（Aelia Eudoxia，约 380—404）：法兰克人弗拉维乌斯·包托（Flavius Bauto，？—388 前）之女，包托曾在西罗马皇帝格拉提安和瓦伦提尼安二世时期担任大元帅。

牵涉其中，并发挥了重要影响。这位虔诚的皇后拥护其夫君所奉行的支持基督教尼西亚教派的政策，而这自然造成了与大多数信仰阿里乌教派的哥特人针锋相对的局面。当然，对于充满宗教热情的皇室而言，反对希腊—罗马的异教信仰显然是首要任务。阿卡狄奥斯延续了其父狄奥多西一世的立场，他制定法律对异教仪式加以禁止和阻挠，并不惜下令拆毁神庙。399 年，皇帝命文书颁布了言简意赅的诏令："凡是所有在农村乡野之地尚存的（异教）神庙，均须在不引起纷乱动荡的前提下予以拆毁。因为只有将这些庙宇消除殆尽，才能杜绝任何迷信活动"[《狄奥多西法典》，第 16 卷，第 10 章，第 16 节]。朝廷之所以将这种极端措施限制在城市以外的区域，是因为众人深知这般强硬蛮横的手段可能会在社会和政治领域造成巨大的轰动性后果。而恰恰是在深受希腊文化熏陶的东部帝国，传统异教的崇拜仪式和圣物

在包托死后，艾丽娅·欧多克西娅被送到君士坦丁堡，并可能与狄奥多西一世的两个儿子一起被抚养成人。395 年，为了遏制鲁菲努斯在朝中的势力，宦官欧特罗庇厄斯促成了东部帝国皇帝阿卡狄奥斯与艾丽娅·欧多克西娅的婚姻，两人共育有七个儿女，其中包括艾丽娅·普尔喀丽娅（Aelia Pulcheria）和他们的独子，后来继承皇位的狄奥多西二世。404 年，艾丽娅·欧多克西娅死于流产。——译者注

神迹仍然占有举足轻重的地位，而且非基督徒往往还是人口的多数。有一段记载了神庙遭到拆除的史料得以保存至今，借助这段材料，我们可以一窥历史的原貌。这座位于巴勒斯坦小城加沙（供奉着马纳斯神[①]）的异教神庙在当时备受尊崇，加沙城主教波菲利[②]请求阿卡狄奥斯准许拆除这座庙宇。尽管加沙城市议会似乎对这种干预市民生活的举动持反对态度，但波菲利不依不饶地几次三番前往朝廷进行疏通游说，其间又得到皇后欧多克西娅的帮助，皇帝最后终于让波菲利如其所愿。于是在 402 年，阿卡狄奥斯派军队摧毁了加沙城的所有异教神庙，并血腥镇压了民众的反抗。而宗教与政治也由此长期纠缠不清，并时常引起暴乱动荡，乃至波及东罗马帝国的边陲之地。至于在君士坦丁堡，如此这般的紧张

---

① 马纳斯神（Marnas）：作为古城加沙的雨水和谷物之神，马纳斯护佑黎民免受饥荒。当地民众将他与宙斯视为一体，不加区分。马纳斯神的原型很可能是古代闪米特人所崇拜的农神大衮（Dagon），在希腊化时期演变为马纳斯神。加沙的马纳斯神庙曾由到访该城的哈德良皇帝下令重建，到了古典时代晚期，这座神庙成了异教信仰硕果仅存的几个中心之一。——译者注

② 波菲利（Porphyrius，约 347—420）：395 年至 420 年任加沙城主教，在此期间，波菲利在这座异教势力颇为顽固的古城极力推行基督教，并大肆捣毁异教神庙，而他也由此留名后世，被基督教奉为圣人。——译者注

局势也以极为显著剧烈的方式显现出来。在这其中，自397年或398年起担任帝都主教的若望·屈梭多模①（约

---

① 若望·屈梭多模（Johannes Chrysostomos）：又称"安条克的若望（Johannes von Antiochia）""若望一世"或"约翰一世"，以出类拔萃的雄辩之才与克己修持的苦行之举为后人称道，并于6世纪被尊为"金口若望"，其中"屈梭多模"在希腊语中即为"金口"之义。自10世纪起，若望·屈梭多模便和该撒利亚的巴西略、拿先斯的贵格利一起被东正教尊为"三圣教父（Drei Hierarchen）"。而西方的天主教会则将他和亚历山大城的亚他那修、该撒利亚的巴西略、拿先斯的贵格利一起列为东方的四位教会圣师。在担任君士坦丁堡主教期间，若望·屈梭多模面对教会浮夸奢靡、堕落不堪的风气，厉行节俭，锐意改革。他命令所有修女必须搬离未婚男性教士的住处，并变卖主教官中的大量财物以救济穷人，还加强了对教会原本混乱的财务状况的管理。此外，若望·屈梭多模还命令各大教堂的开放时间需照顾平民要求，以方便后者参加礼拜，而不能只为富人着想。这一系列举措使他在民间声望颇高，但也得罪了教士和权贵阶层。399年，曾支持若望·屈梭多模登上主教之位，后来又对其颇为不满的欧特罗庇厄斯失势，后者逃入了圣索菲亚大教堂并一度得到若望·屈梭多模的庇护。在盖伊纳斯掌控君士坦丁堡之后，他逼迫阿卡狄奥斯皇帝授予其最高军权，并派两位重要人物为人质。若望·屈梭多模出面与其谈判，成功地使后者释放人质。在盖伊纳斯要求在君士坦丁堡建立一座阿里乌派教堂之时，若望·屈梭多模极力抗议，并迫使后者最终让步，但此时早已民怨沸腾，一场大规模的反抗还是在所难免。若望·屈梭多模的刚正不阿使他后来又为艾丽娅·欧多克西娅皇后所不容，她联合一贯反对若望·屈梭多模的亚历山大城主教狄奥菲里乌斯（Theophilos von Alexandria）等人，于403年召开宗教

349—407）便扮演了尤为重要的角色。这位极富激情的教士身负出类拔萃的雄辩之才，胸怀真挚强烈的使命之感，在信仰真义面前毫无情面、大公无私。他将维护与弘扬基督教的美德视为己任，在他留存至今众多的布道词中，有很大一部分都涉及了伦理道德的问题，而且他不仅要求自己苦修禁欲、自律修持，更要求整个教会乃至他的听众都如此行事。他在布道坛之上对于竞技比赛、剧场娱乐、荣华富贵以至流于表面的壮观奢华都予以大声斥责，而正是最后的这些冒犯之辞激怒了原本对其颇为友善的欧多克西娅皇后，并最终使得若望·屈梭多模被免职流放。于是，在君士坦丁堡，一场充斥暴力的叛乱由此而起，帝都火光冲天。尽管如此，若望·屈梭多模仍然没有逃脱流放（亚美尼亚）的命运，并于407 年死于流放途中。一年之后，阿卡狄奥斯皇帝驾崩，他的儿子狄奥多西二世（Theodosius II.）成了正式继

会议，对若望·屈梭多模进行指控，后者遂遭流放。但欧多克西娅迫于民众压力，又慑于当时突发地震的天兆示警，便下令召回了若望·屈梭多模。然而好景不长，后来若望·屈梭多模因拒绝为欧多克西娅的银身塑像举行落成仪式而再度被流放。438 年，若望·屈梭多模的圣髑归葬君士坦丁堡，1204 年第四次十字军东征时又被劫往罗马，并保存在圣彼得大教堂中，直到 2004 年由教皇约翰·保罗二世归还东正教会。——译者注

承人，后者出生于 401 年，并早在 402 年就被立为奥古斯都，直到 450 年去世，而这也使他成了罗马帝国名义上在位时间最长的皇帝之一。

狄奥多西二世时期的大量基督教史籍都对这位皇帝大加褒扬，而这主要并不是因为他实际取得的政绩，而更多的是因为他终其一生都笃信上帝。事实上，掌控朝政的另有他人，那便是他的姐姐普尔喀丽娅[①]和妻子

---

① 艾丽娅·普尔喀丽娅（Aelia Pulcheria，399—453）：414 年，由于狄奥多西二世尚未成年，15 岁的普尔喀丽娅摄政监国。为了打消他人意图与其结婚从而觊觎皇位的企图，普尔喀丽娅发誓永守贞洁。普尔喀丽娅对犹太人颇为反感，曾下令拆毁犹太教教堂。但另一方面，普尔喀丽娅也十分乐善好施，她兴建了众多教堂，也为穷人建造了大量住宅。421 年，东罗马再度与波斯萨珊王朝开战，因为当时一位捣毁了琐罗亚斯德教（在中国被称为"祆教"）祭坛的基督教主教被波斯国王处死，而琐罗亚斯德教正是当时萨珊王朝的国教。在普尔喀丽娅的影响下，狄奥多西二世向波斯宣战，并最终获得了一定程度上的胜利。尽管普尔喀丽娅安排了狄奥多西二世与欧多西娅之间的婚事，但她和欧多西娅却多有矛盾，后者最终前往耶路撒冷度过余生也可能与此有关。450 年狄奥多西二世坠马身亡之后，普尔喀丽娅曾主持政事一月有余。由于当时元老院不允许女性单独统治帝国，于是普尔喀丽娅被迫与马尔西安成婚，并与其共治帝国。但普尔喀丽娅始终恪守其永守贞洁的誓言，马尔西安亦对此表示遵从。普尔喀丽娅死后被天主教和东正教尊奉为圣人。——译者注

欧多西娅①，而且她们都享有奥古斯塔②的头衔。另外，宫廷之中其他富有影响力的人物也曾决定朝政的走向。因此，与当时的西部帝国由大元帅独掌大权不同，在东罗马帝国，禁卫军长官辖区之首长、宫廷宦官及作为宫中文臣之首的御前监察大臣（magistri officiorum）才是

---

① 艾丽娅·欧多西娅（Aelia Eudocia，约400—460）：出身于雅典一户信奉异教的家庭，之后皈依基督教。421年，欧多西娅与狄奥多西二世结婚。422年，生下李锡尼娅·欧多克西娅。438年，欧多西娅赴耶路撒冷朝圣，并将首位基督教殉道者圣斯德望的圣髑和曾用来捆绑使徒彼得的锁链迎回君士坦丁堡。也正是此时，欧多西娅对狄奥多西二世的影响达到了巅峰，甚至超过了普尔喀丽娅。但在这之后，或许是因宫廷权谋之故，欧多西娅与狄奥多西二世日渐疏远。她于443年左右再次前往耶路撒冷，并一直在那里居住直到逝世。欧多西娅曾大力推动君士坦丁堡基督教大学的兴建，《狄奥多西法典》正是诞生于这所学校。在耶路撒冷期间，欧多西娅下令重建城墙，这道城墙不仅将大卫城围护其中，而且还包括耶路撒冷老城南部的锡安山。此外，欧多西娅还在耶路撒冷资助兴建了众多修道院、教堂和供朝圣者住宿的旅馆。她死后被东正教尊奉为圣人。——译者注

② 奥古斯塔（Augusta）："奥古斯都（Augustus）"的阴性形式，罗马皇帝常常将这一头衔授予其妻子或者女性近亲（比如母亲、姊妹、祖母、女儿等），是罗马帝国和东罗马帝国早期皇族头衔的重要组成部分。尽管奥古斯塔仅为象征高贵地位的虚衔，但身为奥古斯塔的女性往往在宫中颇有影响力。罗马帝国历史上第一位获得奥古斯塔头衔的女性是奥古斯都大帝的妻子利维娅（Livia，前58—29）。——译者注

举足轻重的朝廷重臣。

　　然而，君士坦丁堡也同样无法完全脱离同盟部族的武力支持，当阿卡狄奥斯时期旗帜鲜明的反日耳曼政策遭到抛弃之后，大元帅的职位曾一度再次为异族所占据。尽管如此，这些异族将领在刚开始还尚未达到可以与斯提里科或者里西梅尔相提并论的权势和地位。这其中主要的原因很可能在于，与西罗马帝国相比，东罗马帝国直到 5 世纪中叶都仍然很少受到外来威胁。此外，在东罗马帝国的领土上，也并没有发生如西罗马帝国那样大规模的民族迁移活动，至于类似于外族在帝国境内定居这样的事情则更是鲜见。除了侵入北非的游牧民族外，对东罗马帝国造成威胁的主要是匈人，因为帝国与波斯人之间的问题大体上可以通过外交途径进行协商解决。但是这样的协商和议是以定期纳贡为条件的，而这便使得帝国的财政危机日益加剧。尤其是当东罗马不得不大幅增加对匈人的输贡之后，这一情况就更是愈演愈烈了。特别是自从阿提拉成为匈人的领袖（434 年）之后，这一部族每年都向东罗马帝国提出愈加苛刻的停战条件，还不时进军色雷斯四处劫掠，并以此明目张胆地向东罗马朝廷施压。直到狄奥多西二世的继任者马尔西安皇帝（Marcian，450—457 在位）才最终鼓起勇气反抗匈人。

在这之后，匈人向西迁徙，并如前文所述的那样在沙隆平原战役中遭遇失败。453 年，阿提拉逝世。正如约达尼斯在《哥特史》中所记载的那样，这不仅仅在西部帝国被视为上帝的恩赐，在东部亦是如此。此外，这位史学家还以该事件为背景，记述了一则有关基督神明托梦（宣告阿提拉之死）的故事："阿提拉死去的当天夜晚发生了一件匪夷所思的事。一位神灵来到了帝国东土之元首马尔西安的梦中，后者正因为阿提拉这个恐怖的敌人而惊惶不安。神灵把阿提拉的断弓拿给皇帝看，正是这把弓曾让多少阿提拉的子民引以为豪"（《哥特史》，第 49 章，第 255 节）。自君士坦丁大帝时代起，这样的托梦幻象就已经成了史书的经典组成部分，这一现象所表明的无非是，甚至在修史这一领域，基督教的影响也在日益增强。

总体看来，基督教，尤其是各类宗教争端事件，给 5 世纪上半叶打下了深刻的烙印。这些宗教争端所涉及的绝非只是普遍存在于传统异教徒和基督徒之间的矛盾，更为重要的是，就在分歧日益扩大的基督徒内部，宗教冲突也是愈演愈烈。越来越多的基督教派别被斥为异端，在帝国法律中，出现了三十个乃至更多的基督教派别、分会及独立的支派。亚历山大城、安条克和君士坦丁堡成了宗教争端的中心，而这些争端往往都伴随着暴力冲突。其中尤为出名的是亚历山大城宗主教①西里尔②煽动城中暴徒袭击其反对者的事件。这些遭受蛊惑而狂热至极的暴民攻击反对西里尔的人士，并残忍地将他们迫害致死，其中包括著名的女哲人希帕提娅③，她

---

① 宗主教 (Patriarch)：东正教、罗马天主教和东方正统教会中居于大总主教 (Großerzbischof) 之上，位阶最高的主教。宗主教可在其所辖教区之内召开宗教会议，并可任命主教、划定主教管区及制定教会法律。东正教的宗主教在汉语中通常译为"牧首"。——译者注

② 亚历山大的西里尔 (Kyrill von Alexandria，约 376—444)：又译"区利罗一世"或"圣济利禄"，自 412 年至 444 年任亚历山大城宗主教，并被后世尊为圣人和教会圣师，但同时也是一位备受争议的人物。当时，亚历山大城主教与安条克主教常常在对基督教教义的阐释和圣餐礼仪等方面分歧巨大，势不两立，而君士坦丁堡的主教一职便成了两派势力争夺的焦点，其中亚历山大的西里尔与聂斯脱利的斗争便是这场权力之争的高潮。在 431 年召开的以弗所大公会议上，西里尔的观点占据上风，并使得当时的君士坦丁堡主教聂斯脱利遭到罢免。——译者注

③ 希帕提娅 (Hypatia，约 355—415)：著名新柏拉图主义哲学家、数学家和天文学家，居住于当时基督教已成主流的亚历山大城。尽管她属于日益式微的异教群体，但在亚历山大城备受景仰，门徒众多。希帕提娅的作品未能留存至今，但关于她惨死的结局却有不少版本流传于世。据称当时正在返家途中的希帕提娅被基督徒暴民拖出马车，并被带到教堂撕烂衣衫，暴打屠戮，甚至还遭到游街示众，最后死无全尸，结局悲惨。——译者注

曾是叙奈西乌斯的老师，并与后者常有书信往来。西里尔在基督教教义和宗教政策上的死敌是从安条克被调往君士坦丁堡担任宗主教的聂斯脱利①。两人不惜使用任何手段与对方进行论辩争斗，其中还包括巨额的行贿收买之举。西里尔与聂斯脱利之间分歧的焦点仍然主要是耶稣本质的问题。聂斯脱利对基督人神二性说②进行了

---

① 聂斯脱利（Nestorius，386—451）：原为安条克教士，428 年被狄奥多西二世任命为君士坦丁堡宗主教。作为聂斯脱利派的领袖人物，他认为耶稣虽具有人神二性，但两者却是分离的，处于两个位格之中，而非浑然一体，由此他也反对将玛丽亚作为赋予耶稣神性的圣母加以崇拜。亚历山大的西里尔认为这一观点违背了"三位一体"的信条，并对聂斯脱利大加斥责。此外，西里尔还得到了当时同样有意削弱君士坦丁堡主教势力的罗马教宗策肋定一世（Coelestin I.，？—432）的支持。431 年，以弗所大公会议召开，聂斯脱利的学说被定为异端，而他最终也被流放埃及，客死他乡。但后来聂斯脱利派在波斯逐步发扬光大，并在唐代传入中国，是为"景教"。——译者注

② 基督人神二性说（Dyophysitismus）认为，耶稣基督具有人神二性，他既是完完全全的神，又是完完全全的人，且神性与人性不可改变、不可分割、不可离散、不相混乱，处于同一位格之中。基督人神二性说在迦克墩大公会议上得到最终确立，且被西方所有基督教会所承认，唯一的例外是拒不承认《迦克墩信经》的东方正统教会（又称"旧东部派"，并非后来的"东正教"），该教会最迟在迦克墩大公会议后便已脱离罗马帝国基督教会，自立门户。——译者注

颇为激进的阐释，根据他的观点，甚至连玛丽亚都不能被视为是孕育圣子的圣母（theotokos），因为她所生下的仅仅是耶稣的肉体，而并未赋予其神性。431 年 6 月，以弗所大公会议召开（后世将这次会议算作是第三次基督教大公会议）。这次会议最后颁令确定了基督人神二性不可分割的教义。然而这项决议却未能彻底平息争端。时局依然动荡不安，而且还将变得愈发严峻。

这是因为，当狄奥多西二世于 450 年 7 月 28 日去世之时，狄奥多西王朝在东部帝国的后嗣也就此断绝，再无顺理成章的继承人。尽管从形式上看，狄奥多西二世在位近半个世纪之久，但一直以来他在很大程度上并非是一位实际掌控朝政、乾纲独断的皇帝——因为在这几十年中，在他的名义之下决定帝国命运的另有他人。尽管如此，狄奥多西二世之名在欧洲文化记忆中仍然占有一席之地，这当然与他本人的施政毫无关系，真正的有功之人是皇帝手下的宫廷法学专家和御前文书班子。正是这些人面对当时法律规定不再清晰明了且经常自相矛盾的状况，力图对具有法律效力的各项分散的皇帝敕令和复函批示进行分门别类、收集整理并汇编成册。由此，以当时在位皇帝狄奥多西二世来命名的《狄奥多西法典》（*Codex Theodosianus*）最终于 438 年在君士坦丁堡颁行全国，并且通行于西部帝国。这也再一次象征了罗马帝国在理论上的统一，并成了连接古典时代和中世纪的重要线索，因为《狄奥多西法典》渗透到了西哥特人、东哥特人和勃艮第人的法律典籍之中，成了其中的核心部分。与此相比，在后来被称为"拜占庭帝国"的东罗马，《狄奥多西法典》对后世的影响却相对有限，因为在一个世纪之后，它将被查士丁尼皇帝时期所制定的法典取代。

随着狄奥多西王朝的绝嗣，皇帝时代原有的继位惯例也在东部帝国再度登台，于是新帝又将由大元帅来指定。而这回享有此等大权的是阿兰人出身的大元帅阿斯帕（Aspar），他先后将色雷斯士兵马尔西安（450—457在位）及其同乡和下属利奥一世①（Leo I.，457—474 在

---

① 利奥一世（约 401—474）：全名弗拉维乌斯·瓦勒里乌斯·利奥（Flavius Valerius Leo），出身平凡，于 457 年被大元帅阿斯帕立为皇帝，同时也是第一位经由君士坦丁堡宗主教加冕而正式登基的皇帝。与阿斯帕的预想相反，利奥一世在位期间颇有作为，他派安特米乌斯继承西罗马帝国皇位，并对其给予军事和财政上的支持。另外，他还与西罗马帝国组成联军，意图收复北非地区，但于 468 年落败。为了摆脱阿斯帕的控制并与之抗衡，利奥一世建立了一支由罗马人和伊索里亚人组成的完全听命于自己的卫队，还大力提拔伊索里亚人芝诺，并将自己的女儿许配给他。466 年至 467 年间，利奥一世以叛国罪为由罢免了阿斯帕

位）推上皇位。正如上文已经述及的那样，马尔西安不仅成功地让帝国摆脱了匈人的袭扰，使其向西罗马迁移，更在对内政策上励精图治，着力解决依然为基督论争端所主导的宗教问题。在马尔西安和普尔喀丽娅的倡议下，451 年 10 月召开了（被后世称为第四次基督教大公会议的）迦克墩①大公会议。这次会议在教义上对众多不同教派的学说做出明确表态。正如极端激进的基督人神二性说一样，坚称耶稣只有独一的神性的基督一性论者也被定为异端。与这两种学说不同的是，在这次大公会议中所确定的新教义将基督的本质定义为人神二位不可分割

之子阿尔达布里乌斯（Ardaburius）所任的东方大元帅（magister militum per Orientem）一职。尽管在 470 年，阿斯帕还成功将自己的另一位儿子帕特里修斯（Patricius）立为恺撒，但仅仅一年之后，阿斯帕就在觐见皇帝时被利奥一世的手下杀死。之后，利奥一世又凭借其新建的卫队力量，镇压了阿斯帕势力在首都的反抗。另外，利奥一世还曾建议西罗马皇帝安特米乌斯也如法炮制，剪除里西梅尔的势力，但最终安特米乌斯在与其大元帅的斗争中落败，并被处死。473 年，利奥一世的外孙、芝诺之子利奥二世被立为共治皇帝。一年之后，年已古稀的利奥一世驾崩。数月之后，芝诺就被立为利奥二世的共治皇帝。同年 11 月，利奥二世去世，芝诺便成了东罗马唯一的皇帝。——译者注

① 迦克墩（Chalkedon）：位于博斯普鲁斯海峡东南端的古代城市，与君士坦丁堡隔马尔马拉海相望，今为伊斯坦布尔卡德柯伊区。——译者注

的统一体。这一解决办法与罗马教皇利奥一世^①（440—461 在位）的观点颇为契合，后者几乎承认了迦克墩大公会议所颁布的所有教义准则。然而，他却反对君士坦丁堡和罗马这两大宗主教区^②享有平起平坐的地位。虽然迦克墩大公会议重新确定了基督教教义，但之前旷日持久针锋相对的宗教冲突，以及由此带来的对世俗世界的

---

① 利奥一世（Leo I., 400—461）：又译"良一世"，5 世纪最为知名的罗马主教，他重新使用了被罗马皇帝废弃的"大祭司（pontifex Maximus）"头衔，并坚决反对基督一性论，为此他还撰写了一份被称为《大卷》的声明，以捍卫基督人神二性说，但该声明未在以弗所大公会议上得到宣读，直到后来的迦克墩会议上才被公之于世，并成为《迦克墩信经》的重要基础。452 年，匈人大军企图进逼罗马城，利奥一世出面与阿提拉谈判，并以向后者支付大量钱财为条件使得罗马免受匈人劫掠。455 年，汪达尔人在盖萨里克的率领下劫掠罗马，利奥一世亦尽力将损失降到最低，并遏制了汪达尔人的烧杀暴行。——译者注

② 宗主教区：由宗主教进行管理的教区，又称"牧首区"。在 381 年召开的第一次君士坦丁堡大公会议上，君士坦丁堡教区被提升为宗主教区，君士坦丁堡宗主教的地位仅次于罗马教皇。451 年的迦克墩大公会议对君士坦丁堡大公会议的决议进行修改，不仅赋予君士坦丁堡宗主教对本都（Pontus）、亚细亚和色雷斯这三个大主教管区的司法裁判权，更取消罗马教皇高于君士坦丁堡宗主教的优先地位。6 世纪上半叶，查士丁尼一世在新律中确立了五大宗主教区的地位，它们依次为罗马、君士坦丁堡、亚历山大城、安条克和耶路撒冷。——译者注

波及和影响将仍然在东部帝国继续郁积滋长。然而就在此时，其他问题却更为凸显了。因为在 5 世纪最后的三十余年中，东罗马帝国的状况开始变得愈加与西罗马相似，这时的东部帝国也遭受了非罗马部族的入侵。和西部帝国一样，这也直接导致了围绕皇位争夺而展开的各种冲突。而巴尔干地区则再一次成了新的困局的源头，这是因为在匈人原本就颇为脆弱的统治土崩瓦解之后，各个东哥特部族及其他日耳曼部落便开始互相争夺位于多瑙河—黑海地区的定居土地。马尔西安和利奥一世对这块地区的重新划分给予了认可。对此，约达尼斯（《哥特史》，第 50 章）有过总结性的记述。一直到 473 年，潘诺尼亚地区都存在着一个松散的东哥特王国，该王国通过逼迫君士坦丁堡向其输贡而得以维系。后来，一部分东哥特人撤出此地，于是赫鲁利人[①]

———————

① 赫鲁利人（Eruler）：东日耳曼部族，3 世纪 60 年代首见于史籍，当时该部族居住于黑海北岸。3 世纪后半叶，赫鲁利人向东迁移至希腊，并侵袭劫掠了雅典城。268 年，加里恩努斯皇帝（Gallienus，约 218—268，253—268 在位）率军在色雷斯的奈斯托斯河（Nestos）畔击败了回撤的赫鲁利人。4 世纪，赫鲁利人曾先后被哥特人和匈人所征服。匈人帝国瓦解之后，赫鲁利人于 454 年前后在今斯洛伐克南部和奥地利东北部地区建立了自己的国家。一部分归附了西罗马帝国的赫鲁利人参与了 476 年奥多亚塞进军意大利的行动，并一直为后者效命，直到奥多亚塞在

和（同为哥特部族的）格皮德人①便乘虚而入，占据了这一地区。此外，盖萨里克领导下的汪达尔人不仅时常劫掠意大利南部地区，而且也令希腊颇受其害，而这便导致了君士坦丁堡（具有阿兰人和东哥特人血统的）大元帅阿斯帕的地位摇摇欲坠。终于在 471 年，宫廷内日

---

489 年被东哥特国王狄奥多里克大帝所击败。508 年左右，赫鲁利人的国家被伦巴底人所灭，该部族也因此四散分离，其中一部分归顺了伦巴底人，一部分则投奔了意大利的东哥特人，还有一部分起先投奔了格皮德人，最终又于 512 年归顺了东罗马帝国，并参与了查士丁尼一世恢复罗马帝国的战争。6 世纪中叶以后，赫鲁利人在史籍中失载。——译者注

① 格皮德人（Gepiden）：东日耳曼部族，在哈德良皇帝（76—138，117—138 在位）时期曾居住于维斯瓦河流域。3 世纪中叶，格皮德人越过维斯瓦河南迁，到达了特兰西瓦尼亚（今罗马尼亚中西部）的北部地区，并与邻近部族多有战事，被匈人征服后居于蒂萨河流域。454 年，格皮德人领袖阿尔达里克（Ardarich）率领各日耳曼部族联军在潘诺尼亚大败匈人，阿提拉之子艾拉克（Ellac）阵亡，匈人帝国也随之迅速土崩瓦解。于是阿尔达里克便在特兰西瓦尼亚建立了格皮德人自己的国家，并成为这一地区举足轻重的势力。488 年，格皮德人被正欲进军意大利的东哥特国王狄奥多里克击败，其王国亦陷于分裂。在东哥特王国忙于抵抗东罗马帝国而无暇北顾之时，格皮德人又一度恢复其在多瑙河中游地区的势力，但之后又迅速陷入与伦巴底人的争斗之中，后者与阿尔瓦人结盟，并最终在 567 年将格皮德人击溃。幸存下来的格皮德人一部分随伦巴底人南下意大利，一部分人或是臣服于阿尔瓦人，或是归附东罗马帝国。——译者注

积月累的紧张局势演变成一场血腥屠杀，以阿斯帕为核心的哥特人势力遭受重创，沦为屠杀的牺牲品。之后，原为伊索里亚①当地王公的芝诺（Zeno）取代了阿斯帕担任大元帅，由此成了东部帝国的强人。在之后的几年，这位来自于小亚细亚腹地落后山区的人物带领着支持他的同乡，一度在君士坦丁堡建立了伊索里亚人的统治，甚至得以获得奥古斯都的尊号（474—491 在位）。芝诺对东罗马最大的功绩无疑在于他成功地促使狄奥多里克大帝向西进军夺取意大利，并由此为东哥特人在意大利建立帝国奠定了基础，而狄奥多里克在这之前曾于 473 年至 488 年间率军纵横驰骋于巴尔干和希腊地区，并对当地造成了持久的影响。当东哥特人西去意大利建国之后，他们也就再也没有必要回师东返侵入东部帝国了。

491 年，芝诺在君士坦丁堡驾崩，阿纳斯塔修斯（Anastasius）继位。按照古典时代的标准，这位原先担任宫廷高官的新皇帝可以算是一位暮年老者了。因为当他在君士坦丁堡被军队（以及追随他的元老院）紫袍加身，荣登帝位之时，就已年满六十岁了。而他得以登上

---

① 伊索里亚（Isaurien）：小亚细亚的一个古代地名，范围多有变迁，其核心地区南抵今土耳其托鲁斯山脉，北临科尼亚（Ikonion）和利斯特拉（Lystra）。——译者注

大位，是多方妥协的结果。在朝廷高官的眼中，之所以选择阿纳斯塔修斯，一方面是因为他信奉天主教正统，另一方面他又不是伊索里亚人。而后者在新帝登位之后就立即倾尽全力，企图将其推翻。为了彻底将伊索里亚人驱逐出君士坦丁堡，并防止其卷土重来，阿纳斯塔修斯曾对其用兵多年，并借助了日耳曼人和匈人同盟的军力，才最终得以成功。然而，帝国最大的威胁仍然还是来自于边境地区。在巴尔干半岛上出现了一支新的部族——保加利亚人，他们迅速地进入帝国内部，如入无人之境。在他们之后，匈人和斯拉夫人也尾随而至。因此，阿纳斯塔修斯甚至不得不在君士坦丁堡兴建一道起自黑海、终于马尔马拉海的"长城"，以拱卫帝都。此外，在帝国的东部边境上，和平的时代也宣告终止。波斯人再度与罗马人为敌，直到506年两国签订和约为止。然而，根据条约规定，阿纳斯塔修斯不得不向波斯进贡大量黄金。除此之外，东罗马还须向维塔利安努斯（Vitalianus）领导下的哥特人同盟输贡，后者曾于513年至515年间多次出现在君士坦丁堡，以逼迫东罗马朝廷满足他们的要求。尽管如此，当阿纳斯塔修斯于518年夏驾崩时，他仍然给他的继任者留下了一座黄金充盈的国库。帝国收入出人意料地大幅增加，这其中的主要原因在于，朝廷将所征之税收归中央，并对税收加以精简，另外，阿纳斯塔修斯所实施的钱币改革——虽然并未涉及黄金货币 (solidi)——也可能起到了积极作用。

在高寿的阿纳斯塔修斯驾崩之后，继承皇位的查士丁 (518—527 在位) 同样已近暮年。由于阿纳斯塔修斯并无后嗣，所以这次皇帝也由推选产生，而这一过程同样也是宫廷内部角力的结果，至于君士坦丁堡的元老院、教会及民众却并未对此产生过太大的影响。查士丁在登位之时大概已是六十五岁至七十岁的高龄，他曾任御林军长官，并因此与宫中重臣私交甚密，而他也很可能将这些关系为己所用。查士丁笃信天主教正统，并在宗教政策上颇有作为，而这在当时依然是最为棘手的内政领域。他坚决反对基督一性论，坚持迦克墩大公会议的教义，并由此结束了自 484 年起与罗马教皇的对立状态，这便是所谓的"阿卡基亚教会大分裂[①]"。但

---

① 阿卡基亚教会大分裂 (Akakianische Schisma)：由于基督一性论派在东罗马帝国的东方诸省信众甚多，东罗马皇帝芝诺为实现帝国正教与基督一性论派之间的和解，于 482 年命君士坦丁堡宗主教阿卡基奥斯 (Akakios，471—489 在位) 起草了一道名为"统一 (Henotikon)"的诏令，并在其中隐去了迦克墩大公会议所达成的一系列决议。这道诏令虽然在一定程度上安抚了东方各省的基督一性论者，进而确保了东罗马帝国内部的统一，但

是这一政策立场却加深了东部帝国的冲突。众多坚信基督一性论的主教遭到罢免，阿里乌派也未能幸免，他们不得不将众多教堂关闭。此外，这一反阿里乌教派的立场还在对外政策上产生了影响，因为该举动激怒了狄奥多里克大帝，而查士丁原本是想与其建立起良好关系的。为了达到这一目的，查士丁在此之前还将狄奥多里克的女婿欧塔里克（Eutharich）收为义子兼军队副官（Waffensohn），甚至与他一起共同出任了519年的执政官一职。然而，在东哥特王国和东罗马帝国之间的矛盾发展成为公开的冲突之前，狄奥多里克便于526年逝世，而一年之后（527年8月），年迈的东罗马皇帝也寿终正寝。

在查士丁驾崩之前的几个月，他就已经将他的外甥查士丁尼（527—565在位）立为奥古斯都，而正是后

同时却激起了罗马教皇斐理斯三世（Felix III.，483—492在位）的强烈反对。由于当时罗马教会虽然在理论上须臣服于罗马皇帝，但实际上却位于日耳曼人的统治区域，因而拥有相当自主权的斐理斯三世便宣布与帝国东部教会决裂。这是罗马与君士坦丁堡之间的首次教会大分裂，这次分裂也因奉命起草"统一"诏令的君士坦丁堡宗主教阿卡基奥斯而得名为"阿卡基亚教会大分裂"。芝诺的继任阿纳斯塔修斯皇帝在与罗马教会的协商过程中亦坚持"统一"诏令，未有退让，直到查士丁一世登基后才于519年决定撤回这项诏令。——译者注

者缔造了古典时代晚期最后的帝王盛世。此外，在罗马帝国行将终结之时，查士丁尼皇帝还在其执政期间对古典时代伟大纯粹的传统加以认可，而正是这些传统深刻地影响了自奥古斯都大帝以来的历史。与元首制的确立者奥古斯都一样，查士丁尼也坚信所谓普世统治的理念，这样的统治者应当确保整个帝国的和平（pax）、富足（salus）与法制（iustitia）。尽管查士丁尼不再像奥古斯都时代那样担任大祭司（pontifex maximus）一职，也并不像奥古斯都那样坚信人世的繁荣昌盛全赖朱庇特、玛尔斯①和阿波罗的护佑，但是信奉不同宗教的他却和奥古斯都一样都认定罗马皇帝的君权乃是由神所授。而这同时也便意味着皇帝须将捍卫正统之信义作为己任，以确保上帝享有其应得的来自人类的尊崇。因此，查士丁尼效法君士坦丁大帝，倡议召开基督教大公会议，并以法律维护基督教的地位，这些做法也正是在君士坦丁

---

① 玛尔斯（Mars）：原为罗马神话中主司农业的丰饶之神，在与希腊神话中的阿瑞斯混同之后便演化成了战神，但与阿瑞斯嗜杀凶残的负面形象不同，玛尔斯在罗马备受敬仰，其重要性仅次于朱庇特。在有关罗马建城的传说中，玛尔斯被视为孪生兄弟罗慕路斯与雷穆斯的父亲，因此这位神祇也被罗马人奉为先祖。西方语言中的三月（拉丁语：Martius，英语：March，德语：März）亦得名于玛尔斯，并曾被罗马人视为每年的首月。——译者注

时期首次成了皇帝的职责。查士丁尼深信世俗之权与教会之权皆为一体，乃由上帝所恩准，并为上帝之要求。他在第六部新律(Novelle)的前言中将这一信念表述如下，以作为施政之纲领："在人世之中，由至善之上帝所赐的至美之馈赠，便是崇高的圣职（sacerdotium）与威严的皇权（imperium）。在这其中，前者为上帝而服务，后者则控驭俗世，为凡尘而操劳。但两者皆源出一处，并为尘世添彩增辉。因此，统御尘世的君王所最为关切忧心的，莫过于圣职之尊严，这其中之缘由尤其在于，后者总是为护佑前者而向上帝祈祷……于是，对我们而言最为重要的核心关切便是，上帝之真义与圣职之尊严……"

这样的文字所表露的不仅仅是查士丁尼的责任感，而且更多地还有他的使命感。正是这种使命感让我们将他与伟大的改革家和革新者戴克里先联系了起来，后者与查士丁尼一样出身于（拉丁语区的）巴尔干半岛，并在投身军界之后登上皇位。查士丁尼在其舅父兼养父查士丁的庇护和提携之下先是进入了御林军，之后又升任大元帅和执政官。这样一来，由查士丁到查士丁尼的帝位交接也得以和平完成，并得到普遍支持。在即位之初，查士丁尼就刻意将他的妻子狄奥多拉①立为奥古斯

---

① 狄奥多拉皇后（Theodora，约500—548）：根据普罗科

塔，以使其获得统治地位。这位女性家境甚为平凡，所以总是因其不光彩的出身和旧事而在君士坦丁堡遭到非议。然而，在她成为奥古斯塔一直到她去世（548年）的二十年中，狄奥多拉所表现出来的却是一位精力极为旺盛的政治女强人形象，尤其是在教会问题上，她显得颇有抱负和主见。正是因此，有一位拜占庭作家甚至将这段时期称为双头政治，然而由于缺乏史料，我们几乎无法确知狄奥多拉到底在多大程度上参与了朝政决策。无论如何可以确定的是，查士丁尼本人原先就颇有改革的雄心壮志，而这一抱负也几乎体现在了所有重要的内政领域，其中这位帝王的宗教热情便是主导改革的推动

匹厄斯在《秘史》中的记载，狄奥多拉出身低贱，其父亲为驯熊师，狄奥多拉在其父去世后亦以演戏为生，而这一职业在当时与娼妓无异。520年前后，狄奥多拉与查士丁尼相识，两人在524年或525年结婚，但这一婚姻在当时遭到了元老院和查士丁妻子的反对。狄奥多拉毕生信仰基督一性论，并曾多次设法保护基督一性论派的教徒。另外，由查士丁尼所颁布的禁止卖淫与贩卖女童的敕令，亦有可能是狄奥多拉建议的结果。在532年著名的尼卡暴动中，查士丁尼面对包围皇宫、另立新君的首都民众，准备经由水路逃离君士坦丁堡，但狄奥多拉临危不惧，力劝查士丁尼镇守帝都，并派宦官总管纳尔塞斯携财物离开皇宫，前去收买叛党领袖，分化敌人阵营，名将贝利萨留亦率军救驾，一举镇压了叛乱。548年，狄奥多拉死于癌症，并葬于圣使徒教堂。——译者注

之力。

　　在登基后不久，查士丁尼便下令关闭了享有盛名的雅典学院^①（529 年），并以此来宣示他在宗教政策上的决心和立场。当时，特别是在雅典及亚历山大城，新柏拉图主义依旧十分盛行，北非人叙奈西乌斯便是其中的

---

　　① 雅典学院：又称"柏拉图学院"，由古希腊哲学家柏拉图在公元前 387 年左右首创于雅典一处名为"阿卡德米亚（Academia）"的树林之中，日后树林之名逐渐被转借用来称呼学院，这便是不少西方语言中"学院"一词（英语：Academy；德语：Akademie）的来源。早期的柏拉图学院(约前 387—前 268 年至前 264 年间)继承柏拉图本人的衣钵，将其口头授课的材料加以整理记录，并对柏拉图的对话录进行评注，此外还开设了形而上学、本体论、知识论、辩证法、伦理学、数学、几何学、天文学等诸多课程。中期的柏拉图学院（前 268 年至前 264 年间—约前 86）自阿尔克西拉乌斯（Arkesilaos）而始，他继承了柏拉图的老师苏格拉底怀疑论的倾向，并使之成为学院传道之核心。在罗马共和国和本都王国之间进行的第一次米特拉达梯战争（前 88—前 84）期间，罗马大将苏拉于公元前 86 年 3 月占领雅典，当时的学院遭到废弃，教学活动亦告终止。在这之前，脱离学院的阿什凯隆的安条克（Antiochos von Askalon）自立门户，他摒弃了中期柏拉图学院的怀疑主义倾向，力图延续早期学院的传统，并深受斯多葛主义的影响，罗马著名的政治家和雄辩家西塞罗亦在他门下学习。在公元前 44 年之后，系统的学院授课在雅典又告终止，仅有个别柏拉图主义者仍然延续了零散的教学活动。5 世纪，新柏拉图主义者又在雅典重开学院，并在普罗克洛（Proklos）执掌学院时期达到鼎盛。——译者注

代表之一。尤其是在通行希腊语的东部帝国，众多学院构成了传统思想的精神堡垒，它们由此也自然成了异教的维系之所。正是这些守旧传统和异教信仰，备受信奉正统天主教的查士丁尼皇帝的猜忌和怀疑。就在同一年，查士丁尼皇帝向所有异教信徒发出了改宗基督教的号召。随后，以弗所的主教约翰（Johannes von Ephesos）便试图通过焚毁经书和集体洗礼的方式来贯彻皇帝的这一传教宏愿。正如在相关敕谕中反复出现的禁令和威胁所表明的那样，尽管查士丁尼千方百计打击异教，但他最终仍未取得决定性的胜利，而他试图平息基督教内部争端的努力也同样未竟全功。纵然查士丁尼使尽浑身解数，甚至不惜动用武力，但他仍然无法彻底削弱基督一性论派的势力（颇为讽刺的是，狄奥多拉便是其中的信徒）。

在查士丁尼的倡议和支持下拔地而起的教堂建筑，是这位皇帝励精图治的集中体现，而这些建筑又仅仅是他令人称道的营建大业的一部分而已。自532年起，查士丁尼促成并资助了毁于火灾的圣索菲亚大教堂的重建。537年12月，大教堂竣工落成。除此之外，还有许多其他地方的考古遗迹也证实了查士丁尼大兴土木、营造巨构的功业，同时代的历史学家普罗科匹厄斯还专门撰写了《建筑》一书敬献给皇帝，并在其中将帝国君主的虔诚与其营建大业视为不可分割的统一体予以介绍。至于查士丁尼皇帝在诸如行政、税收和财政等领域的众多改革举措，由他颁布并留存至今的所谓"新律"便是最好的明证，这些新律也构成了在中世纪被人们称为《民法大全》（*Corpus iuris civilis*）的这一法典的第三卷，也就是其中的最后一卷。正是通过这部法典，查士丁尼为罗马法传之后世乃至欧洲近代奠定了基础。当然，查士丁尼下令编纂这部法典的初衷并非意在留名千古、泽被后世，而更多的是力求尽快终结法律条文中模糊混沌的乱局，使其逻辑清晰、前后一致，从而实现整个法律体系的系统化。在受命编纂法典的法学专家夜以继日、非比寻常的努力之下，早在533年，全新版本的法学基础教程《法学总论》①（*Institutiones*）及汇集了各家古典法律的《查士丁尼法律汇编》（*Digesta*，又称

---

① 查士丁尼皇帝时期编纂的《法学总论》以2世纪中期罗马法学家盖乌斯（Gaius）的《法学总论》（*Institutiones*）为样本，后者成书于安敦宁·毕尤皇帝时期（161年前后）。作为一部对罗马私法体系进行系统整理的基础教程，盖乌斯的《法学总论》条理清晰、简明易懂，在古典时代流传甚广，并对后世产生了重要影响。1816年，《法学总论》的副本在维罗纳重见天日。——译者注

*Pandectae*①) 就已完成。一年之后，新版皇帝法典也已成文，即《查士丁尼法典》（*Codex Iustinianus*）。随着这部法典的颁布，之前施行的包括《狄奥多西法典》在内的各项法律条文便再无用武之地，遂告失效。然而，这一巨大的成就仍然未能达到彻底消除现行法律中矛盾之处的严苛要求，于是查士丁尼皇帝又屡次发布敕令对其进行修正补充，因为他希望通过此次法典编纂的工程来解决法律争端，确保国内安定。在对外政策上，查士丁尼所力求实现的宏图大愿也未有丝毫逊色之处。因为他所追求的，并不仅仅是要安定四境，更为重要的是伺机夺回失地，以根除诸位先帝的弊政。要想收复沦丧的国土，自然就需要向西进军，但帝国东部边陲的战事却使得发兵西境举步维艰。在与波斯交战数年之后，东罗马于 533 年与之缔结了"永久和平"协定，但这一（以输贡的昂贵代价换来的）和约却在之后的数十年中再次成为一纸空文，两国几度重开战端，但最后又无不以清偿贡金，缔结新约而告终。令人称奇的是，尽管帝国的资源因东部的战事而受到牵制，但在西部收复帝国昔日领土的军事行动却进行得相当顺利。分别盘踞于非洲与

---

① 拉丁语"Digesta"的字面意思为"经过系统整理的展示呈现"，"Pandectae"为"无所不包"之义。——译者注

意大利的汪达尔人与东哥特人的内部争端，尤其是其国内的王位之争，更无疑为东罗马收复西部创造了有利条件。533 年至 534 年间，查士丁尼麾下的大将贝利萨留征服了北非，自此该地又重新设置了禁卫军长官辖区首长和大元帅一职。535 年至 552 年间，贝利萨留及其继任纳尔塞斯①先后领导了收复意大利的战事，在此期

① 纳尔塞斯（Narses，约 490— 约 574）：出生于亚美尼亚，查士丁尼一朝著名的宦官和将军，初任查士丁尼皇帝的皇家财政总管（primicerius sacri cubiculi）。在尼卡暴动中，纳尔塞斯成功地贿赂并分化了叛党，因平叛有功而深得查士丁尼和狄奥多拉的信任。与二十几岁便领兵作战的贝利萨留相比，同样富有杰出军事指挥才能的纳尔塞斯却大器晚成。538 年，查士丁尼派纳尔塞斯领兵前往意大利，协助大元帅贝利萨留与东哥特人作战，但两人关系不睦，纳尔塞斯遂被查士丁尼召回。540 年，贝利萨留占领拉文纳，对东哥特人的战事暂告终止。544 年，贝利萨留再度进军意大利，但由于东罗马此时正在东方对波斯萨珊王朝用兵，因此贝利萨留兵源缺乏，战事进展颇为不利。551 年，查士丁尼召回贝利萨留，并于次年任命纳尔塞斯为最高统帅，领导对东哥特人的战争。纳尔塞斯成功地召集了一支三万人的精良军队，先后在塔吉纳战役（Schlacht von Taginae）和拉塔里山战役（Schlacht am Mons Lactarius）中大败东哥特人，东哥特王国的两位国王也在这两场战役中相继丧命。554 年，纳尔塞斯又在沃尔图诺河之战（Schlacht am Volturnus）中重挫前来救援东哥特人的阿勒曼尼人与法兰克人联军。在之后的几年中，纳尔塞斯在意大利重新恢复了东罗马帝国的统治，并重建了因饱经战乱而残破不堪的基础设施。在新帝查士丁二世登位之后，纳尔塞斯严苛的财政措施遭到

间，帝国军队曾多次占领罗马城，并最终彻底灭亡东哥特王国。甚至在西班牙，帝国（从北非出发）的军队也至少部分恢复罗马帝国在当地的统治，并设置了负责管辖西班牙的大元帅。尽管东罗马无力再度重建帝国在北方（莱茵河—多瑙河流域和阿尔卑斯山地区）的统治，但当查士丁尼于 565 年 11 月以耄耋之年离开人世之时，这位皇帝可以确信的是，正是在他的统治之下，这个世界的大部分土地至少在名义上又再度归于罗马帝国大一统的版图之中。然而，帝国虽然重获统一，却好景不长：西哥特人很快又在西班牙卷土重来，（东）罗马帝国在意大利复兴的进程也于 568 年被入侵的伦巴底人[①]（Langobarden）所中断，后者原先居住于潘诺尼亚，后来西迁进入意大利，并由此——如果以长远的眼光来看的话——为近代意大利的形成奠定了基础。在非洲，

帝国西部元老院贵族残存势力的抨击，他也因此被皇帝撤职，但他继续留在意大利，并在那里寿终正寝。——译者注

① 伦巴底人：原为日耳曼部族苏维汇人的一支，公元前 1 世纪晚期曾居于易北河下游。5 世纪末，伦巴底人进入今奥地利多瑙河以北地区，灭亡赫鲁利人所建立的国家，又频繁与格皮德人交战。567 年，伦巴底人彻底击溃了格皮德人，并大举南下，从东罗马帝国手中夺得意大利的大部分地区，建立伦巴底王国，直到 774 年被法兰克国王查理曼大帝所灭。——译者注

7 世纪，伊斯兰教和阿拉伯人成了此地的主宰。最终，东罗马的历史便成了拜占庭的历史，这个帝国则一直到 1453 年土耳其人攻陷君士坦丁堡才告终结。

第十章

终结与开端：通向欧洲之路

在本书开篇所提及的《布登勃洛克一家》中，汉诺·布登勃洛克在家谱中"乱糟糟的名字"上画了一个大大的休止符，但对于我们所讲述的这段历史而言，不论是在476年还是在565年，一切都并未彻底终止，因为就在此时，仍然"还会有什么"，它前承过往之历史，后启将来之时代。尽管如此，但这两个年份还是标志着历史的转折，并在更深的意义上成了终结与开端之年，其影响与284年相较也显得更为重大深刻。虽然当我们回溯历史时，也发现284年是一个转折之年，因为正是从这一年起，改革新政屡见不鲜，革新试验（四帝共治）亦归于失败，最终帝国信仰也发生了转向（并皈依基督），但是总体而言，就算是在戴克里先和君士坦丁之后，古典时代晚期的罗马帝国依然与先前并无二致——即便是在3世纪"帝国危机"期间亦是如此。这是因为，在此期间的罗马帝国依然可以通过清晰的边界加以限定，而帝国内部的组织构成也至少相对稳定，古典时代的传统，尤其是古典文明的核心——城邦与自治，乃是帝国的立国之本，在思想上高高在上的皇帝则居于统治顶端，并在事实上以军队的力量及其拥戴者为后盾。此外，帝国的基础设施到4世纪仍然在很大程度上得到了沿用。最后，罗马帝国境内的货币也保持了相对统一，在这样一个巨大的经济体中，贸易与手工业生产完全没有遭受持续的衰退，在一些地区（比如4世纪时的北非地区）甚至还仍是一番欣欣向荣的景象。

尽管如此，自4世纪晚期起，最迟的话自狄奥多西一世于395年逝世起，帝国的危机之象便日益显著，并在之后的数十年中积重难返，以致形成分崩离析之势。至于该如何对这些乱象及其成因分别进行恰如其分的衡量与解读，学界早已探究争论了数百年之久。亚历山大·德曼特[①]曾颇费功夫地对古典时代晚期以来各种对于"罗

---

① 亚历山大·德曼特（Alexander Demandt）：德国历史学家，专攻罗马帝国历史、历史理论和历史哲学。——译者注

马之衰亡"所做出的解释进行搜集整理。这项研究在学术史上颇有趣味，而德曼特最终得到了两百余种解释，其数量之可观可见一斑。通过对各个因素进行分类与评估，我们可以归纳出几种解释模式，从中得出的结果大体而言并无惊人之处，即罗马帝国的灭亡既有内因也有外因。在帝国内部，诸多方面都呈现出分裂瓦解之势，而宗教冲突又加重并激化了这一进程。罗马（与希腊）传统的约束之力日益丧失，而这又与帝国无力接纳众多入侵异族并实现其融合休戚相关。当然，毋庸置疑的是，包括哥特人、法兰克人、汪达尔人、匈人及其他部族在内的民族大迁移此起彼伏，来势汹汹，更是让人难以预料，无从掌控。与此同时，他们的战力又日益增强，所有这些都大大加剧了整个帝国风雨飘摇的危局。

除却所有这些溯因解释及无法衡量的因素，我们自然也完全可以并且有必要对这段历史的影响与延续加以考量（这样的做法也颇为值得一试），而不是仅仅将关注的视角局限于衰落与灭亡，因为历史并不存在原点——即便是在 476 年也是如此。以今人的视角观之，任何对于古典时代对后世影响的探究，都会将我们引向对欧洲文明自身的源头的追寻，这是因为在人类生活与思想的所有领域，我们几乎都能找到源自古典时代盛期的线索与踪迹，它们经由古典时代晚期进入中世纪，及至近现代。在这其中，基督—天主教成了欧洲最为重要的传统。对于欧洲的语言、建筑、文学、艺术、哲学及国家理念而言，就算是到了 19 世纪乃至 20 世纪，"古典时代无处不在"这句话仍然可以适用。而基督教会则在古典文化的介绍、传承与维系中扮演了举足轻重的角色。直到今天，罗马教宗之基石仍然源自古典时代，因为正是在古典时代晚期，作为"世界诸城之首"的罗马城的主教才获得了教会之首的优先地位，并且被确认为是圣彼得的后继者。早在处于过渡时期的 5 世纪和 6 世纪，就有众多古典时代晚期的主教以其作为政治、社会与文化领域权威的身份，通过各种方式维系与传承古典时代的（城市）文明——其中尤以高卢南部、勃艮第及普罗旺斯最具代表性。另外，古典时代的影响还延及中世纪的修道院图书馆乃至教权（sacerdotium）与皇权（imperium）之间长达数百年的拉锯冲突。最为引人注目的是，对于今天的欧洲人而言，他们延续至今的居住之地便是古典时代的既往历史在当下最为显著的体现。除了建筑遗迹之外，我们今人所居城市的规划布置和街道脉络也往往直接源于古典时代，而城市的名称则更是如此。比如中世纪时期的克桑滕①（Xanten）就建于一处古典时代晚期墓地的周边地区（ad sanctos，意为"在圣人之处"），至于其他更为著名的城市大可省去不举。因此，古典时代不仅在物质上，而且也在精神上构成了我们今人生活名副其实的基石。对于当今欧洲的法治国家而言，古典时代的意义更是非比寻常，因为如果没有罗马法的建立和法典的编纂，那么法治国家便不可想象，无从谈起。

我们自然还可以在众多其他领域继续追寻古典时代在现代欧洲中的踪迹，而且这样的寻踪索迹毫无疑问将会成果颇丰。因此，我们可以根据各自的立场与兴趣，对以下这个历久弥新的问题做出各有侧重的多样解答，即如果没有古典时代的文明，那么欧洲将会是怎样的面貌？但无论我们给出何种答案，有一点必然是毋庸置疑的，即如果没有古典时代，那么欧洲"将不会是今天的欧洲"（亚历山大·德曼特）。

---

① 克桑滕：德国北莱茵—威斯特法伦州城市，位于莱茵河下游西岸。罗马人曾在此处设立军营和殖民地。如今建有考古公园，并在古罗马遗迹的基础上对当时的建筑进行了部分复原。——译者注

年　表

年份	历史事件
284—305	戴克里先；第一次四帝共治
286	马克西米安加封奥古斯都
293	君士坦提乌斯一世·克洛卢斯与伽列里乌斯被立为恺撒
296—298	埃及发生叛乱
301	货币改革与最高限价敕令
303	基督徒大迫害运动开始
305	戴克里先和马克西米安退位；第二次四帝共治
306	君士坦提乌斯一世·克洛卢斯驾崩；君士坦丁成为恺撒；第三次四帝共治；马克森提乌斯在罗马篡位自立
308	第四次四帝共治；伽列里乌斯和李锡尼任奥古斯都
310	君士坦丁登基成为奥古斯都
311	宽恕敕令颁布（四月）；伽列里乌斯驾崩（五月）
312	米尔维安大桥战役

313	李锡尼与君士坦丁在米兰签署协议
325	第一次尼西亚大公会议
330	君士坦丁堡落成
332	君士坦丁与哥特人签订和约
337	君士坦丁驾崩；新任奥古斯都：君士坦提乌斯二世、君士坦斯、君士坦丁二世
340	君士坦丁二世驾崩
350	君士坦斯逝世，马尼耶修斯篡位
351—354	盖卢斯被立为恺撒
353	马尼耶修斯逝世
355	尤利安成为恺撒
357	尤利安在今斯特拉斯堡附近击败阿勒曼尼人
361	君士坦提乌斯二世驾崩
361—363	尤利安成为（唯一的）奥古斯都
363—364	约维安在位
364—375	瓦伦提尼安一世在位
364—378	瓦伦斯在位
367—383	格拉提安在位
374—397	安波罗修任米兰主教
375—392	瓦伦提尼安二世在位
378	哈德良堡战役
379—395	狄奥多西一世在位
382	狄奥多西一世与哥特人签订条约
382—384	维多利亚女神祭坛之争
383—408	阿卡狄奥斯在位（东部帝国）
391	禁止异教崇拜
391—408	斯提里科任大元帅
391/395—410	亚拉里克任西哥特人国王
392—394	尤吉尼乌斯篡位
393—423	霍诺留在位（西部帝国）
397—403	若望·屈梭多模任君士坦丁堡主教
408—450	狄奥多西二世在位（东部帝国）
410	亚拉里克与西哥特人占领罗马
418—507	托罗萨时期的西哥特王国
425—455	瓦伦提尼安三世在位（西部帝国）

425—454	埃提乌斯任大元帅（西部帝国）
428—477	盖萨里克任汪达尔人国王
429	汪达尔人征服阿非利加
431—471	阿斯帕任大元帅（东部帝国）
434—453	阿提拉任匈人国王
438	《狄奥多西法典》颁布
440—461	利奥（一世）任罗马教皇
450—457	马尔西安在位（东部帝国）
451	沙隆平原战役； 在迦克墩召开第四次基督教大公会议
455	汪达尔人劫掠罗马
456—472	里西梅尔任大元帅（西部帝国）
457—474	利奥（一世）在位（东部帝国）
467—472	安特米乌斯在位（西部帝国）
474	尤里乌斯·尼波斯在位（西部帝国）
475	尤里乌斯·尼波斯逊位并遭流放
475—476	罗慕路斯·奥古斯都路斯在位 （西部帝国）
476	奥多亚塞废黜罗慕路斯， 并任意大利国王（直至493年）
480	尤里乌斯·尼波斯死于达尔马提亚
481—511	克洛维任法兰克人国王
491—518	阿纳斯塔修斯在位（东部帝国）
493—526	狄奥多里克大帝 任东哥特人与意大利人国王
507	克洛维率领下的法兰克人击败了 以亚拉里克二世为首的西哥特人
518—527	查士丁一世在位（东部帝国）
527—565	查士丁尼在位（东部帝国）
529	雅典学院关闭
533	贝利萨留率军征服北非的汪达尔王国
534	《查士丁尼法典》颁布
535—552	贝利萨留和纳尔塞斯收复罗马城和意大利
568	伦巴底人占领意大利

参考文献

　　有关古典时代晚期的一系列重要历史文献已有拉丁语—德语及希腊语—德语的双语版本问世，并为本书所引用。首先需要提及的便是阿米阿努斯·马尔切利努斯的历史著作（该书四卷本，W. Seyfahrt 译，1983—1986 年出版于达姆施塔特）。另外，值得一提的还有叙马库斯的演说集（orationes，A. Pabst 翻译、注释，1989 年出版于达姆施塔特）；收录于 R. Klein 汇编的文集《维多利亚女神祭坛之争——导读、原文、译文与注释》（*Der Streit um den Victoriaalter. Einführung, Text, Übersetzung und Erläuterungen*，1972 年出版于达姆施塔特）中的安波罗修的三封书信（epistulae）及叙马库斯第三次向皇帝谏言陈词的奏文（relatio）、尤利安的书信集（epistulae，希腊语—德语对照版，B. K. Weis 译，1973 年出版于慕尼黑）；收录于 I. König 主编的《狄奥多里克大帝的时代——导读、原文、译文与评注》(*Aus der Zeit Theoderichs des Großen. Einleitung, Text, Übersetzung und Kommentar*，1997 年出版于达姆施塔特）之中的《维勒西安努斯的佚名编年史·第二卷》及该撒利亚的普罗科匹厄斯所著的《战争史》(Bella) 希腊语—德语双语对照五卷本（O. Veh 编辑，1961—1975 年出版于达姆施塔特）。除此之外，本书中所引的德语译文还来源于约达尼斯的《哥特史》(W. Martens 译，1913 年出版于康斯坦茨）、佐西姆斯的《新历史》(O. Veh 翻译并撰写导读，S. Rebenich 审校注释，1990 年出版于斯图加特）、德米斯提乌斯的《演说集》(H. Leppin 和 W. Portmann 翻译、注释并撰写导读，1998 年出版于斯图加特）及拉克坦提乌斯的《论基督徒迫害者的死亡方式》[A. Städele 翻译并撰写导读，2003 年作为"基督教历史文献（Fontes Christiani)"丛书的第 43 本出版于蒂伦豪特]。1904—1905 年首先由 Th. Mommen、P. Krüger 与 P. Meyer 编辑出版的《狄奥多西法典》后由 C. Pharr 译成英文，并于 1969 年出版。

为了使尽可能多的历史爱好者能够进一步阅读有关

古典时代晚期的读物，除了 A. H. M. Jones 所著的奠基之作外，下面所选录的均为德语学术文献。

Bleckmann, B., Konstantin der Große, Reinbek 1996.

Brandt, H., Geschichte der römischen Kaiserzeit. Von Diokletian und Konstantin bis zum Ende der konstantinischen Dynastie (284—363), Berlin 1998.

Brand, H., Konstantin der Große. Der erste christliche Kaiser. Eine Biographie, 2. Aufl., München 2007.

Brown, P., Die Entstehung des christlichen Europa, München 1996.

Cameron, Av., Das späte Rom, München 1994.

Claude, D., Die byzantinische Stadt im 6. Jahrhundert, München 1969.

Demandt, A., Der Fall Roms. Die Auflösung des römischen Reiches im Urteil der Nachwelt, München 1984.

Demandt, A., Die Spätantike. Römische Geschichte von Diokletian bis Justinian 284—565 n. Chr. (Handbuch der Altertumswissenschaft III, 6) 2. Aufl., München 2007.

Demandt, A., Was wäre Europa ohne die Antike?, in: Geschichte, Politik und ihre Didaktik 22, 1994, 40—51.

Engels, L. J. / Hofmann, H. (Hgg.), Spätantike. Mit einem Panorama der byzantinischen Literatur (Neues

Handbuch der Literaturwissenschaft Bd. 7), Wiesbaden 1997.

Fuhrmann, M., Rom in der Spätantike. Porträt einer Epoche, Zürich 1994.

Girardet, K. M., Die Konstantinische Wende und ihre Bedeutung für das Reich. Althistorische Überlegung zu den geistigen Grundlagen der Religionspolitik Konstantins des Großen, in: E. Mühlenberg (Hg.), Die Konstantinische Wende, Gütersloh 1998, 9—122.

Jones, A. H. M., The Later Roman Empire 284—602, London 1964 (ND Baltimore 1986).

Kolb, F. Diocletian und die erste Tetrarchie. Improvisation oder Experiment in der Organisation monarchischer Herrschaft?, Berlin-New York 1987.

Leppin, H., Theodosius der Große. Auf dem Weg zum christlichen Imperium, Darmstadt 2003.

Martin, J., Spätantike und Völkerwanderung (Oldenbourg Grundriß der Geschichte Bd. 4), 3. Aufl., München 2001.

Meier, M., Anastasios I. Die Entstehung des Byzantinischen Reiches, Stuttgart 2009.

Wolfram, H., Geschichte der Goten, Dritte Auflage München 1990.

德中译名对照表

Adäration	以钱代物
adoratio	敬拜
Adrianopel	哈德良堡
Aëtius	埃提乌斯
Alamannen	阿勒曼尼人
Alanen	阿兰人
Alarich	亚拉里克
Alarich II.	亚拉里克二世
Alexandria	亚历山大城
Alpenraum	阿尔卑斯山地区
Ambrosius	安波罗修
Ammianus Marcellinus	阿米阿努斯·马尔切利努斯
Anastasius	阿纳斯塔修斯
annona	税粮
Anonymus Valesianus	《维勒西安努斯的佚名编年史》
Anthemius	安特米乌斯
Antiochia	安条克
Aper	阿帕
Apollo	阿波罗
Aquileia	阿奎莱亚

Araber	阿拉伯人
Arbogast	阿波加斯特
Arcadius	阿卡狄奥斯
Argentorate	阿根图拉特
Arianer	阿里乌教派
Arles	阿尔勒
Armenien	亚美尼亚
Aspar	阿斯帕
Athanasius	亚他那修
Athaulf	阿陶尔夫
Athen	雅典
Attila	阿提拉
Augustinus	奥古斯丁
Augustus	奥古斯都
Aurelianus	奥勒里安努斯
Avitus	阿维图斯
Bagauden	农牧民起义军
Balkan	巴尔干
Basilius von Caesarea	该撒利亚的巴西略
Bauto	包托
Belisar	贝利萨留
Bithynien	比提尼亚行省
Bonifatius	博尼法丘斯
Britannien	不列颠行省
Brukterer	布鲁克特人
Buddenbrooks	布登勃洛克
Bulgaren	保加利亚人
Jacob Burckhardt	雅各·布克哈特
Burdigala	布尔迪加拉
Burgunder	勃艮第人
Byzanz	拜占庭
Callinicum	卡利尼克姆
Cannae	坎尼
Canossa	卡诺莎
capitatio	劳动力

Carnuntum	卡努图姆
Chalkedon	迦克墩
Chlodwig	克洛维
Christogramm	凯乐符号
Chrysopolis	克里索波利斯
Cibalae	契巴莱
Claudian	克劳狄安
Claudius II.	克劳狄二世
Codex Theodosianus	《狄奥多西法典》
Constans	君士坦斯
Constantia	君士坦提娅
Constantinus II.	君士坦丁二世
Constantinus（III.）	君士坦丁（三世）
Constantius I.	君士坦提乌斯一世
Constantius II.	君士坦提乌斯二世
Constantius III.	君士坦提乌斯三世
Corpus iuris civilis	《民法大全》
Crispus	克里斯普斯
Dalmatien	达尔马提亚
Dalmatius	德尔马修斯
Diana	狄安娜
Diözesen	行政管区
Diokletian	戴克里先
Dioskuren	狄俄斯库里兄弟
Dominat	君主制
Domitius Alexander	多米提乌斯·亚历山大
Donatisten	多纳图教派
Donauraum	多瑙河流域
Friedrich Dürrenmatt	弗里德里希·迪伦马特
Dyophysitismus	基督人神二性说
Eboracum	艾博拉肯
Edictum Theoderici	《狄奥多里克敕令》
Ephesos	以弗所
Eruler	赫鲁利人
Eudocia	欧多西娅

Eudoxia	欧多克西娅
Eugenius	尤吉尼乌斯
Eurich	尤里克
Eusebius von Caesarea	该撒利亚的尤西比乌斯
Eusebius von Nicomedia	尼科米底亚的尤西比乌斯
Eutharich	欧塔里克
Eutropius	欧特罗庇厄斯
Fausta	法乌斯塔
Flavius Constantius	弗拉维乌斯·君士坦乌斯
Flavius Felix	弗拉维乌斯·菲力克斯
Foederaten	盟邦, 盟军
Follis	福利斯铜币
Franken	法兰克人
Fravitta	弗拉维塔
Fritigern	弗里提哥恩
Gainas	盖伊纳斯
Galerius	伽列里乌斯
Galla Placidia	加拉·普拉西提阿
Gallien	高卢行省
Gallus	盖卢斯
Gaza	加沙
Geiserich	盖萨里克
Germanien	日耳曼尼亚
Gildo	吉尔多
Gladiatorenspiele	角斗士表演
Glycerius	格利凯里乌斯
Goten	哥特人
Gratian	格拉提安
Gregor von Nazianz	拿先斯的贵格利
Gregor von Nyssa	尼撒的贵格利
Griechenland	希腊
Gundobad	贡多巴德
Hagia Sophia	圣索菲亚大教堂
Hannibal	汉尼拔
Heermeister	大元帅

Helena	海琳娜
Helios	赫利俄斯
Heraclianus	埃拉克里安努斯
Hercules	赫拉克勒斯
Herodot	希罗多德
Höchstpreisedikt	最高限价敕令
Hofämter	宫廷官员
Homer	荷马
Honorius	霍诺留
Hunnen	匈人
Hypatia	希帕提娅
Illyrien	伊利里亚
indictio	估定税额
Iovinus	约维努斯
Isaurien	伊索里亚
Italien	意大利
iugatio	地产
Iulius Constantius	尤里乌斯·君士坦提乌斯
Iulius Nepos	尤里乌斯·尼波斯
Iupiter	朱庇特
Johannes	约翰内斯
Johannes Chrysostomos	若望·屈梭多模
Johannes v. Ephesos	以弗所的约翰
Jordanes	约达尼斯
Jovian	约维安
Juden	犹太人
Julian	尤利安
Justinian	查士丁尼
Justinus	查士丁
Karthago	迦太基
Katalaunischen Feldern	沙隆平原
Kilikien	奇里乞亚
Köln	科隆
Konstantin	君士坦丁
Konstantinopel	君士坦丁堡

Konstantinsbogen	君士坦丁凯旋门
Konzil	大公会议
Kuriale	城市议会
Kyrill	西里尔
Labarum	拉布兰旗
Laktanz	拉克坦提乌斯
Langobarden	伦巴底人
Leo I. (Kaiser)	利奥一世（皇帝）
Leo I. (Papst)	利奥一世（教皇）
Libanius	里班尼乌斯
Libius Severus	利比乌斯·塞维鲁
Licinia Eudoxia	李锡尼娅·欧多克西娅
Licinius	李锡尼
Magnentius	马尼耶修斯
Magnus Maximus	马克努斯·马克西穆斯
Mailand	米兰
Maiorian	马约里安
Makedonien	马其顿
Manichäer	摩尼教徒
Thomas Mann	托马斯·曼
Marcellinus Comes	马尔切利努斯·科梅斯
Marcian	马尔西安
Markomannen	马科曼尼人
Marnas	马纳斯神
Mars	玛尔斯
Massilia	马西利亚
Maxentius	马克森提乌斯
Maximian	马克西米安
Maximinus Daia	马克西米努斯·代亚
Maximus	马克西穆斯
Mesopotamien	美索不达米亚
Milvische Brücke	米尔维安大桥
Moesien	摩西亚行省
Monophysitismus	基督一性论
Mursa	穆尔萨

Naissus	纳伊苏斯
Narbo	纳博
Narses (Perser)	纳塞赫（波斯人）
Narses	纳尔塞斯
Neapel	那不勒斯
Nestorius	聂斯脱利
Nibelungen	尼伯龙根
Nicäa	尼西亚
Nicomachus Flavianus	尼科马库斯·弗拉维安努斯
Nicomedia	尼科米底亚
Nisibis	尼西比斯
Odoaker	奥多亚塞
Orestes	欧瑞斯特
Orosius	奥罗修斯
Palästina	巴勒斯坦
Panegyrici Latini	《拉丁语庆典颂词集》
Pannonien	潘诺尼亚行省
Papst	教皇
Paris	巴黎
Perser	波斯人
Petronius Maximus	佩特罗尼乌斯·马克西穆斯
Platon	柏拉图
pontifex maximus	大祭司
Porphyrius	波菲利
Prätorianer	禁卫军
Prätorianerpräfektur	禁卫军长官
Prokopios	普罗科匹厄斯
Provinzen	行省
Pulcheria	普尔喀丽娅
Radagais	拉达盖伊斯
Ravenna	拉文纳
Rhein	莱茵河
Rikimer	里西梅尔
Rom	罗马
Romulus Augustulus	罗慕路斯·奥古斯都路斯

Rufinus	鲁菲努斯
Rufinus (praef. praet.)	鲁菲努斯（禁卫军长官辖区首长）
Rugier	鲁基人
Rutilius Namatianus	鲁提利乌斯·纳马提安努斯
Salutius	萨鲁斯特
Sarmaten	萨尔马提亚人
Senat	元老院
Serdica	塞尔蒂卡
Serena	塞丽娜
Severus	塞维鲁
Shapur II.	沙普尔二世
Shapur III.	沙普尔三世
Silvanus	西尔瓦努斯
Silvanus (Usurpator)	西尔瓦努斯（篡位者）
Skiren	西里人
Slawen	斯拉夫人
Sol	索尔
solidus	索里达金币
Spanien	西班牙
Stadtpräfekt	城市长官
Stilicho	斯提里科
Sueben	苏维汇人
Symmachus	叙马库斯
Synesius	叙奈西乌斯
Terminalia	圣界石之节
Tetrarchie	四帝共治
Themistius	德米斯提乌斯
Theoderich	狄奥多里克
Theoderid	狄奥多里克
Theodora	狄奥多拉
Theodosius I.	狄奥多西一世
Theodosius II.	狄奥多西二世
Thessalonike	塞萨洛尼卡
Thrakien	色雷斯
Thukydides	修昔底德

Ticinum	堤契诺
Tolosa	托罗萨
Tribigild	特里比吉尔德
Trier	特里尔
Tyche	堤喀
Ukraine	乌克兰
Valens	瓦伦斯
Valentinian I.	瓦伦提尼安一世
Valentinian II.	瓦伦提尼安二世
Valentinian III.	瓦伦提尼安三世
Valia	瓦利亚
Vandalen	汪达尔人
Vegetius	维格提乌斯
Vetranio	维特拉尼奥
Victoria	维多利亚
Vikar	禁卫军副官
Vitalianus	维塔利安努斯
Völkerwanderung	欧洲民族大迁徙
Wulfila	乌尔菲拉
Xanten	克桑滕
Zeno	芝诺
Zosimus	佐西姆斯

图书在版编目（CIP）数据

古典时代的终结：罗马帝国晚期的历史／［德］哈特温·布兰特著；周锐译 . —上海：上海三联书店，2018.10

ISBN 978-7-5426-6417-4

Ⅰ . ①古… Ⅱ . ①哈… ②周… Ⅲ . ①罗马帝国－历史
Ⅳ . ① K126

中国版本图书馆 CIP 数据核字（2018）第 174530 号

古典时代的终结：罗马帝国晚期的历史

著　　者／	［德］哈特温·布兰特
译　　者／	周　锐
责任编辑／	程　力
特约编辑／	刘文硕
装帧设计／	Metis 灵动视线
监　　制／	姚　军
出版发行／	上海三联书店
	（201199）中国上海市都市路 4855 号 2 座 10 楼
邮购电话／	021-22895557
印　　刷／	北京旭丰源印刷技术有限公司
版　　次／	2018 年 10 月第 1 版
印　　次／	2018 年 10 月第 1 次印刷
开　　本／	787×1092　1/32
字　　数／	111 千字
印　　张／	7

ISBN 978-7-5426-6417-4/K·487

定　价：32.80元

著作权合同登记号　图字：09-2018-628 号